와!
뱀이다

와! 뱀이다
세상에서 가장 위험한 뱀 그리고 가장 큰 뱀

초판 1쇄 발행일 2025년 4월 25일

엮은이 이원중
감   수 박시룡
펴낸이 이원중

펴낸곳 지성사 **출판등록일** 1993년 12월 9일 **등록번호** 제10-916호
주소 (03458) 서울시 은평구 진흥로 68, 2층
전화 (02) 335-5494 **팩스** (02) 335-5496
홈페이지 www.jisungsa.co.kr **이메일** jisungsa@hanmail.net

ⓒ 이원중, 2025

ISBN 978-89-7889-562-0 (73490)

잘못된 책은 바꾸어드립니다. 책값은 뒤표지에 있습니다.

⚠ 주의 사항: 책장에 손을 베이지 않게, 책 모서리에 다치지 않게 주의하세요.

일러두기 뱀에 관한 간략한 정보

아주 오랜 옛날부터 뱀은 우리나라를 비롯해 세계 여러 나라의 문화에 긍정적이거나 부정적인 상징으로 자리하고 있습니다. 가장 먼저, 성경에 등장하는 최초의 인간인 아담과 이브가 에덴동산에서 쫓겨나게 된 이야기에서 뱀은 죄와 사악함의 상징이었고, 고대 그리스에서는 허물을 벗는 모습에서 의술과 치유 그리고 불멸을 상징하기도 했습니다. 또 고대 이집트의 통치자 파라오의 왕관에 장식될 만큼 신성한 힘과 권위를 상징했습니다.

동양에서는 지혜를 상징하는 뱀을 신성하게 여기는 힌두교 문화도 있습니다. 우리나라에서는 뱀을 신성한 동물로 여긴 옛이야기를 비롯해 원한과 복수에 관한 뱀에 얽힌 이야기도 전해 내려오고 있습니다.

이처럼 뱀은 사악함과 교활함 그리고 지혜로움, 신성함 따위를 상징하는 동물이라는 점에서 여전히 우리에게 두려움과 호기심을 안겨 줍니다.

몸이 길고 다리가 없는 파충류, 뱀

과학자들은 뱀이 약 1억 년 전에 도마뱀과 같은 조상에서 진화했다고 추정하고 있으며, 약 6천만 년 전부터 다양한 뱀 종류가 나타났다고 합니다. 이들은 아주 오랫동안 주변 환경에 적응하면서 점점 진화하여 지금의 모습을 갖추게 되었지요.

뼈가 있는 척추동물에 속하는 뱀은 피부의 맨 위쪽 조직인 표피가 각질로 이루어진 비늘(겹쳐진 비늘)로 덮여 있으며, 대개 꼬리가 길고 다리는 없습니다. 폐호흡을 하며 체온을 조절하는 능력이 없어 바깥 온도에 따라 체온이 변하는 변온동물(찬피 동물)입니다. 난생 또는 난태생으로 번식하며, 파충류(거북, 뱀, 악어 등 약 7,900여 종)에 속합니다. 한자어 파충류에서 파(爬)는 '긁다, 기어다니다'를 뜻하고, 충(蟲)은 '벌레 또는 동물'을 뜻합니다.

정리한다면, 뱀은 '땅을 기는 동물로 몸이 길며 다리가 없고, 겹쳐진 비늘이 있는 동물'입니다. 우리말 뱀의 이름 유래는 정확하지 않지만, '배로 움직이는 동물'에서 비롯되었다고 하며, 이름은 빈얌→배암→뱀으로 바뀌었습니다.

뱀과 도마뱀은 어떻게 다를까요?

자, 여기에서 궁금한 점 하나, 뱀과 도마뱀은 어떻게 다를까요?

가장 먼저, 뱀은 도마뱀과 달리 다리가 퇴화되어 없다는 점입니다. 다만 비단뱀 무리 중에서 퇴화된 다리의 흔적인 돌기가 몸통 밖으로 삐져나오기도 하고, 도마뱀 중에서 다리가 퇴화된 도마뱀(무족도마뱀 무리)도 있긴 합니다.

버마비단뱀 수컷의 돌기: 퇴화된 다리의 흔적인 이 돌기로 뱀의 종류나 암수를 구별해요. 수컷이 짝짓기 때 이 돌기로 암컷의 몸을 잡기도 하지요.

두 번째, 도마뱀과 달리 뱀은 눈꺼풀이 없지만 눈에 얇은 막이 있어 눈을 깜박거리지 않으며, 겉귀가 없습니다. 하지만 스킹크(Skink) 무리의 몇몇 도마뱀도 뱀처럼 눈꺼풀이나 겉귀가 없답니다.

세 번째, 뱀은 혀를 날름거리며 냄새를 파악하지만 도마뱀은 혀를 날름거리지 않습니다. 여기에도 예외가 있네요. 코모도왕도마뱀은 혀를 날름거리기도 합니다.

마지막으로, 뱀은 허물을 벗을 때 통째로 벗지만, 도마뱀은 허물을 여러 조각으로 벗겨냅니다.

이처럼 뱀과 도마뱀의 차이점이 여럿

통째로 벗은 뱀의 허물(위)과 너덜너덜 갈라진 도마뱀의 허물(아래)

있기는 해도 예외가 있음을 알 수 있습니다. 그렇다면 둘을 가르는 확실한 차이점이 없을까요? 있습니다. 바로 턱의 구조입니다.

도마뱀 아래턱은 오른쪽과 왼쪽 뼈가 붙어 있지만, 뱀의 아래턱은 붙어 있지 않고 인대로 연결되어 있습니다. 이 구조에 따라 먹이가 입속으로 들어가면 뱀은 오른쪽과 왼쪽 턱이 번갈아 움직여서 먹이를 안쪽으로 밀어 넣습니다. 또 갈비뼈와 가슴뼈가 붙어 있지 않아 통째로 집어삼킨 먹이가 몸통을 통과할 수 있습니다.

뱀에 대해 더 자세히 살펴볼까요?

뱀은 극지방과 몇몇 섬을 제외한 세계 곳곳에서 발견됩니다. 약 3,900종(독사는 약 600종)이 있는 것으로 기록되어 있으며, 몸길이는 겨우 10센티미터인 작은 뱀에서부터 10미터가 넘는 큰 뱀에 이르기까지 다양합니다.

바베이도스실뱀(Barbados threadsnake, 학명 *Tetracheilostoma carlae*)은 세상에서 가장 작은 뱀으로 알려졌으며, '멸종위기 위급 종'으로 카리브해의 바베이도스섬에서 발견되어요. 성체의 평균 몸길이는 약 10센티미터이며, 현재까지 발견된 가장 긴 개체는 10.4센티미터예요. 주로 흰개미와 개미 유충을 먹는 것으로 알려졌어요. 암컷은 자기 몸집보다 큰 알을 한 번에 하나만 낳고, 알에서 깨어난 새끼는 성체 몸길이의 절반 정도예요. 이에 비해 몸길이가 가장 긴 뱀의 갓 태어난 새끼의 몸길이는 성체의 10분의 1이라고 해요.

뱀은 공룡시대에 굴을 파는 도마뱀이나 수생 도마뱀에서 진화했다고 추정하며, 대부분 뱀은 독이 없습니다. 독이 있는 뱀(전체 뱀 종류 중에 약 15퍼센트)은 먹이를 사냥하거나 스스로를 방어하는 데 독을 사용합니다. 독이 없는 뱀은 먹이를 산 채로 삼키거나 똬리를 틀어 먹이를 칭칭 감고 먹잇감의 혈관을 조여서 심장마비를 일으키게 하여 잡아먹습니다.

자, 지금부터 뱀의 주요 특징을 살펴보기로 하지요.

🌰 열을 감지하는 기관, 피트

뱀은 눈이 있지만 열을 감지하는 기관이 있어 어두운 밤에도 사냥할 수 있습니다. 먹이의 열을 감지하는 기관을 피트(pit, 처음 발견한 사람의 이름에서 따왔어요)라고 하는데, 눈과 코 사이에 있는 구멍입니다. 피트가 없는 뱀은 콧구멍 바로 아래 윗입술을 따라 나 있는 여러 개의 구멍으로 열을 감지하기도 합니다.

🐸 눈 앞쪽 큰 구멍이 피트, 피트 옆의 작은 구멍은 콧구멍이에요. 이 뱀은 큰눈구덩이독사(Large-eyed pitviper, 학명 *Trimeresurus macrops*)로 동남아시아 고유종이지요.

🌰 냄새를 맡는 기관, 야콥슨 기관

뱀은 냄새로 먹이를 추적합니다. 뱀의 특징인 두 갈래 혀로 공기 중의 입자를 모은 다음 콧구멍 아래 입천장에 쌍으로 있는 야콥슨 기관(Jacobson's organ)으로 집어넣습니다.

혀가 두 갈래로 갈라진 것은 입천장에 쌍으로 있는 야콥슨 기관에 보내기 위해서라고 합니다. 야콥슨 기관의 신경은 후각을 지배하는 뇌의 후엽(뇌의 가장 앞 끝에 있는 돌기 모양의 주머니)과 연결되어 있어 혀끝에 묻은 냄새를 바로 알아냅니다. 이처럼 뱀은 끊임없이 혀를 움직여 공기, 땅과 물에서 입자를 모아 화학 물질을 분석하여 먹이나 포식자의 존재를 확인합니다. 뱀은 여느 동물과 마찬가지로 코로 냄새를 맡을 수 있지만, 두 갈래 혀는 주변을 탐색하고 먹잇감을 추적하거나 포식자를 피하는 데 매우 중요한 역할을 합니다.

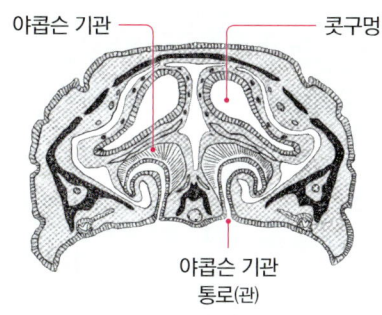 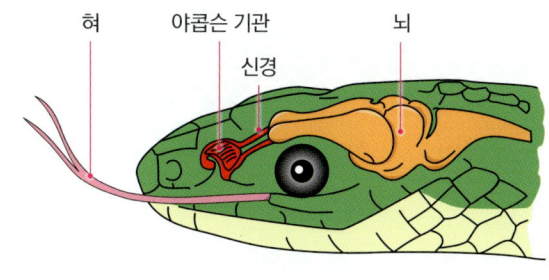

🐸 야콥슨 기관

🐍 뱀의 청각과 시각

겉귀나 가운데귀가 퇴화한 뱀은 몸 아랫면이 진동에 매우 민감하게 반응합니다. 아주 희미한 진동까지도 감지하여 동물의 접근을 알아차릴 수 있지요. 뱀의 시력은 종마다 크게 다릅니다. 시력이 뛰어난 종이 있는가 하면, 빛과 어둠만을 구별할 정도의 시력인 종도 있습니다. 그렇다 해도 상대방의 움직임을 추적하기에 충분한 시력입니다. 시력은 나무에 사는 뱀이 가장 좋고 굴을 파는 뱀은 가장 약하다고 하지요.

대부분 뱀은 망막을 기준으로 수정체를 앞뒤로 움직여 초점을 맞춥니다. 낮에 활동하는 뱀은 대부분 눈동자가 둥글고, 주로 밤에 움직이는 야행성 뱀은 눈동자가 세로로 길쭉한 타원형입니다.

낮에 사냥하는 뱀은 자외선을 차단하기 위해 선글라스처럼 작동하는 수정체로 진화되었고, 눈꺼풀이 없는 눈동자를 보호하기 위해 마치 콘택트 렌즈처럼 투명한 비늘 층으로 덮여 있습니다. 이것을 안구 비늘, 눈 덮개라고 하며, 영어로는 '브릴(brille)'이라고 합니다. 브릴은 독일어, 노르웨이어, 덴마크어로 '안경'을 뜻하고, 프랑스어와 스페인어로는 '빛나는'이라는 뜻이 있습니다.

🐍 뱀의 탈피

뱀의 피부를 만지면 끈적끈적할 것 같은 우리의 생각과는 달리 뱀은 건조한 비늘로 덮여 있으며, 매끈하거나 거칠기도 합니다. 또 대부분 뱀은 사는 곳에 따라 마찰력이 다른 배 비늘로 나무줄기나 바위의 표면 그리고 지면을 밀어서 이동합니다.

뱀은 일생 동안 주기적으로 탈피(허물벗기)를 합니다. 뱀의 표피는 두 개의 층으로 이루어졌습니다. 안쪽 층은 피부와 연결된 살아 있는 세포로 이루어졌고, 바깥층은 죽은 세포로 이루어진 딱딱한 각질입니다. 살아 있는 안쪽 층을 보호하는 바깥층을 주기적으로 벗겨 내는 것이 곧 탈피입니다.

뱀의 비늘은 여러 조각으로 나누어져 있지 않고 표피 하나로 이루어졌습니다. 따라서 이 비늘은 따로따로 떨어져 나가지 않고 마치 양말을 뒤집어 벗어 놓은 듯이 한꺼번에 쓱 벗습니다. 뱀이 탈피하는 목적에는 여러 가지가 있습니다. 첫째, 낡은 표피를 교체하고, 둘째, 표피에 달라붙은 여러 배설물이나 기생충을 제거하기 위함입니다. 뱀은 탈피하기 전에 먹기를 멈추고 안전한 곳으로 이동합니다. 탈피하기 전에는 피부가 칙칙하고 건조해 보이며, 뱀의 눈이 흐리거나 푸른색으로 변합니다.

탈피가 시작되기 전에 표피의 바깥층과 안쪽 층 사이에 기름과 같은 액체가 분비되어 새로운 피부와 분리됩니다. 탈피하기 전에 탁해졌던 눈동자가 탈피하기 바로 직전에는 다시 맑아지며 오래된 표피가 입 가까이에서 갈라집니다. 이때 뱀은 거친 표면에 몸을 문질러 오래된 표피가 쉽게 벗겨지도록 합니다. 아직 자라는 어린 뱀은 1년에 4번까지 탈피를 하지만 다 자란 뱀은 1년에 1~2회 한다고 합니다. 벗겨진 표피는 비늘 형태를 완벽하게 보여 주고 있어 표피가 손상되지 않으면 어떤 뱀인지 알아낼 수 있습니다. 비늘 수로 뱀의 암수를 구별하기도 합니다.

🐸 탈피 직전의 흐려진 눈(위), 탈피하는 모습(아래)

뱀은 살아가는 환경에 따라 몸 색이나 무늬가 다양합니다. 잡아먹힐 위험이 높은 뱀은 평범하거나 세로줄을 띠어 포식자의 눈에 띄지 않게 하며, 어느 한 곳에 몰래 숨어서 기다리다가 먹잇감이 나타나면 재빨리 사냥하는 뱀은 얼룩무늬를 띱니다.

뱀의 뼈 구조와 이빨

뱀의 머리뼈는 뇌를 감싸고 있으며, 목뼈는 유연성이 뛰어나 큰 먹이도 삼킬 수 있게 도와줍니다. 특히 아래턱과 위턱을 연결하는 방골(方骨)이라는 뼈가 떨어졌다 붙었다 하므로 입을 크게 벌릴 수가 있고, 아래턱 오른쪽과 왼쪽이 인대로 연결되어 번갈아 움직일 수 있습니다.

부드럽게 움직이는 뱀의 모습에서 마치 척추가 느슨하게 연결된 것처럼 보이지만 사실은 그렇지 않습니다. 척추뼈 하나하나는 마치 서로 잘 맞물린 톱니바퀴처럼 연결되어 있어 자유자재로 움직일 수 있답니다. 또 척추뼈가 많아 움직임이 부드럽습니다. 뱀 종류에 따라 조금씩 다르지만 뱀의 척추는 200~400개(사람은 33개)입니다.

이빨은 보통 위턱에 4열, 아래턱에 2열로 납니다. 이빨은 가느다랗고 날카로우며 안쪽으로 휘어졌습니다. 독을 품은 뱀은 머리 뒤쪽 독샘에 저장된 독을 깊이 파인 홈이나 속이 비어 있는 송곳니 2개로 흘려보냅니다. 뱀은 일생에 걸쳐 여러 차례 이빨 갈이를 합니다.

이 책을 읽기 전에

〈첫 번째 이야기, 세상에서 가장 위험한 뱀〉에는 독성의 수치를 나타낼 때 'LD$_{50}$'로 표기했습니다. 독물의 기원과 물리적·화학적 성질 또는 독물의 검출, 독물로 인한 중독의 진단, 치료와 예방 따위를 주로 연구하는 독성학에 따르면, LD$_{50}$는 '치사량의 50퍼센트'를 뜻하는 '치사량의 중앙값(lethal dose 50%의 줄임말)'을 나타냅니다. 이는 지정한 실험 기간 후에 실험 대상 집단의 절반이 죽는 데 필요한 양을 가리킵니다. 이 수치는 물질의 급성 독성의 일반적인 지표로 자주 사용되며, 독성이 강할수록 작아집니다.

이 책에서는 LD$_{50}$ 수치는 피부에 주사했을 때의 용량을 나타냅니다. 예를 들어 0.025mg/kg는 몸무게 1킬로그램당 0.025밀리그램의 양으로 실험 대상의 반을 죽게 하는 독성이 있음을 뜻합니다. 이때 연구자들은 맹물이 아닌 생리식염수(체액과 같은 농도로 만든 식염수)나 여러 단백질이 들어 있는 용액을 실험에 사용합니다. 이는 맹물을 사용하면 실험 물질이 변해서 정확한 실험 결과를 얻을 수 없기 때문입니다. 이 책에서는 생리식염수(saline)에서 얻은 수치로 정리했습니다.

〈두 번째 이야기, 세상에서 가장 큰 뱀〉에서 정리한 최대 몸길이는 자료마다 차이가 크며, 실제로 측정할 수 없기에 과학적으로 확정된 수치가 아닙니다. 우리에게 알려진 몸길이는 약간 부풀려진 수치일 수도 있으므로 각 개체를 비교하는 기준으로 참고하기를 바랍니다.

이 책에는 각 개체의 몸길이, 독성 유무, 자연에서의 보전 상태, 사는 곳 등이 정리되어 있습니다. 특히 자연에서의 보전 상태를 보면 멸종 위기에 놓인 개체들도 여럿 있습니다. 뱀은 먹이사슬에서 강자이면서도 약자인 생태계 '중간다리'라는 평가를 받고 있습니다. 특히 설치류의 개체 수를 조절하면서 생태계의 균형을 유지하는 데 중요한 역할을 한다고 합니다. 하지만 인간의 무분별한 포획이나 기후 변화로 생존의 위협 등을 겪고 있다는 점을 생각하면서 두렵지만 매력적인 동물인 뱀을 살펴보았으면 좋겠습니다.

용어 이해하기

* 여기에 실린 용어는 본문에 색 글자로 표시했습니다.

관목: 원줄기와 가지의 구별이 분명하지 않으며, 밑동에서 가지를 많이 치는 키가 작은 나무. 떨기나무라고도 하며, 무궁화, 개나리, 진달래 등이 있음

난생: 어미가 몸 밖으로 알을 낳으면 알 속의 영양만으로 자라서 부화하여 새로운 개체가 태어나는 번식 형태

난태생: 어미 몸속에서 수정된 알들이 난황(알의 세포질 안에 있는 영양물질이며 주로 단백질로 이루어짐)을 먹고 자란 뒤 부화하여 어미 몸 밖으로 나오는 번식 형태

변이: 같은 종에서 성별, 나이와 관계없이 모양과 성질이 다른 개체가 나타나는 현상

부화: 알 속에서 자란 새끼가 알껍데기를 깨고 밖으로 나옴

산호초: 산호(충)의 골격과 분비물인 탄산칼슘이 쌓여서 이루어진 지형. 열대나 아열대의 얕은 바다에서 볼 수 있음

설치류: 송곳니는 없고, 평생 자라는 앞니가 위아래 한 쌍으로 있으며, 앞니와 앞어금니 사이에 넓은 틈이 있음. 쥐가 대표적인 동물

성체: 다 자라서 새끼를 낳을 수 있는 성숙한 개체

신진대사: 생물체가 먹이를 먹은 뒤 몸속에서 분해하고 합성하여 몸을 구성하는 성분이나 생명 활동에 쓰이는 물질과 에너지를 생산하고, 필요하지 않은 물질을 몸 밖으로 내보내는 작용

아종(亞種, subspecies): 같은 종 안에서 지역이나 환경에 따라 조금씩 특징이 다른 생물. 쉽게 말하면, 같은 가족(종) 안에서 서로 닮았지만 조금씩 다른 형제들(아종)이라고 할 수 있음

인도아대륙: 인도반도의 다른 이름으로 대륙에 버금간다는 뜻. 인도, 파키스탄, 방글라데시, 네팔, 부탄, 스리랑카 등이 자리하고 있음

조수 웅덩이: 바닷물이 밀려오는 밀물 때 바닷물에 잠겼다가 바닷물이 빠져나가는 썰물 때 움푹 파여 바닷물이 고이는 곳

차례

일러두기 4
그림 출처 14

첫 번째 이야기 **세상에서 가장 위험한 뱀**

내륙타이판 16
해안타이판 20
동부갈색뱀 24
다줄크라이트 28
넓은띠큰바다뱀 32
바다뱀 36
부리바다뱀 40
호랑이뱀 44
검은맘바 50
킹코브라 58
인도코브라 62
케이프코브라 66
숲코브라 70
카스피코브라 74
러셀살모사 78
중앙아메리카살모사 82
가봉살모사 86
톱비늘살모사 90

우리나라의 독사

살모사 94
쇠살모사 94
까치살모사 95
유혈목이 95

두 번째 이야기 — 세상에서 가장 큰 뱀

녹색아나콘다 98

황색아나콘다 102

보아뱀 104

버마비단뱀 108

아프리카바위비단뱀 112

인도비단뱀 116

그물무늬비단뱀 120

파푸아비단뱀 124

자수정비단뱀 126

찾아보기 128

그림 출처

5쪽	버마비단뱀 수컷의 돌기 Dawson, https://en.wikipedia.org, CC BY-SA 2.5
	도마뱀의 허물 Kathryn Andrews, https://www.publicdomainpictures.net
6쪽	바베이도스실뱀 Velatrix, https://en.wikipedia.org, CC0
7쪽	야콥슨 기관(왼쪽) 《뱀》 41쪽(백남극·심재한 지음, 지성사)
	(오른쪽) Fred the Oyster, https://en.wikipedia.org, CC BY-SA 4.0
17쪽	XLerate, https://en.wikipedia.org, CC BY-SA 3.0
20쪽	Sheba, https://en.wikipedia.org, CC BY-SA 2.0
28쪽	LiCheng Shih, https://en.wikipedia.org, CC BY 2.0
30쪽	(위, 아래) Fearingpredators, https://en.wikipedia.org, CC BY-SA 3.0
31쪽	Arup2602, https://en.wikipedia.org, CC BY-SA 4.0
	(동그라미) Davidvraju, https://en.wikipedia.org, CC BY-SA 4.0
35쪽	위 Diego Delso, https://en.wikipedia.org, CC BY-SA 4.0
	아래 Elias Levy, https://en.wikipedia.org, CC BY 2.0
43쪽	Vikramonice, https://en.wikipedia.org, CC BY-SA 4.0
49쪽	아래 Benjamint444, https://en.wikipedia.org, CC BY-SA 3.0
53쪽	Gerhardt Nieuwoudt, https://commons.wikimedia.org, CC BY-SA 1.0
55쪽	가운데 Jon Sullivan, https://commons.wikimedia.org, CC0
	아래 Greg Hume, https://commons.wikimedia.org, CC BY-SA 3.0
57쪽	위 Bernard DUPONT, https://commons.wikimedia.org, CC BY-SA 2.0
	가운데 Yathin S Krishnappa, https://commons.wikimedia.org, CC BY-SA 3.0
	아래 Sumeet Moghe, https://commons.wikimedia.org, CC BY-SA 4.0
61쪽	FelixReimann, https://commons.wikimedia.org, CC BY-SA 3.0
76쪽	위 Omid Mozaffari, https://commons.wikimedia.org, CC BY-SA 3.0
89쪽	1 Holger Krisp, https://commons.wikimedia.org, CC BY 3.0
94쪽	위 Kim, Hyun-tae, https://commons.wikimedia.org, CC BY 4.0
	아래 Yongchangjang, https://commons.wikimedia.org, CC BY-SA 3.0
95쪽	위 Bubsir, https://commons.wikimedia.org, CC BY-SA 3.0
115쪽	1, 2, 3 Tigerpython, https://commons.wikimedia.org, CC BY-SA 3.0
119쪽	1 Paul Asman and Jill Lenoble, https://commons.wikimedia.org, CC BY-SA 3.0
	2 Jayendra Chiplunkar, https://commons.wikimedia.org, CC BY-SA 3.0
121쪽	동그라미 Kyle Zimmerman, https://commons.wikimedia.org, CC BY-SA 4.0
123쪽	동그라미 Keith Pomakis, https://commons.wikimedia.org, CC BY-SA 3.0
127쪽	오른쪽 Mike, https://commons.wikimedia.org, CC BY 2.0

※ 자유 이용 저작물과 셔터스톡(https://www.shutterstock.com)에서 구입한 그림은 따로 표기하지 않았습니다.

내륙타이판 Inland taipan
Oxyuranus microlepidotus

- **몸길이** : 평균 약 1.8m, 최대 2.5m
  송곳니 길이 3.5~6.2mm(해안타이판 송곳니보다 짧음)
- **독성** : LD$_{50}$ 0.025mg/kg
- **보전 상태** : 멸종위기 관심 필요
- **사는 곳** : 호주의 퀸즐랜드와 남호주 국경이 만나는
  흑토(Black soil) 평원

호주

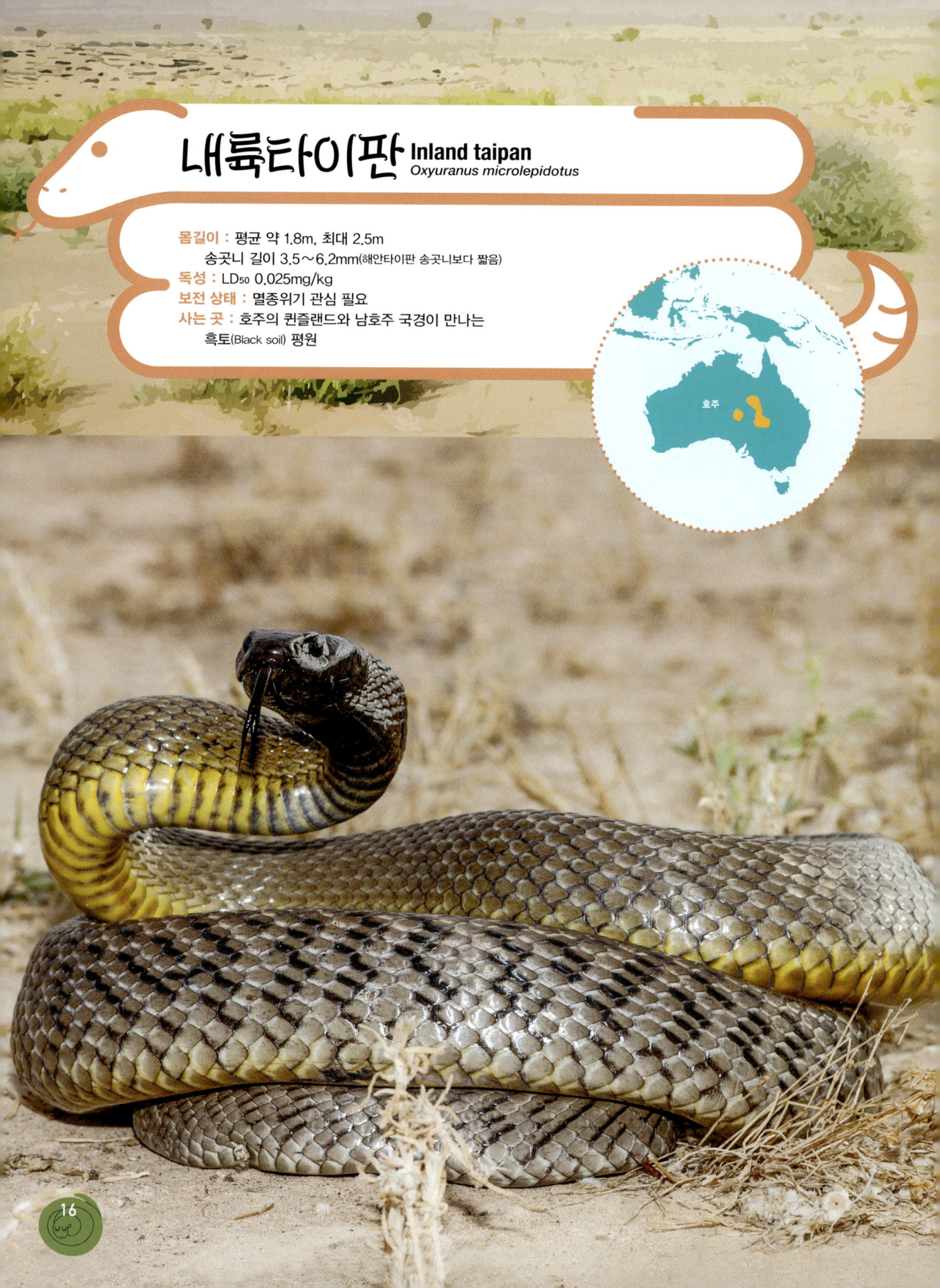

세상에서 가장 강한 독을 지녔어요.

'서부타이판(Western taipan)', '작은크기의뱀(Small-scaled snake)' 또는 '사나운뱀(Fierce snake)'으로도 알려진 코브라과에 속하는 독사입니다. 호주 중부 동쪽 반건조 지역의 고유종입니다. 한 번 물 때 내보내는 독은 성인 100명 이상이 죽을 수 있는 것으로 추정됩니다. 매우 정확하게 공격하는 민첩한 뱀이지만, 상당히 수줍음이 많고 숨어 지내기를 좋아하는 뱀으로 알려졌습니다. 자신이 공격받거나 오가는 길을 방해받을 때만 공격하며, 외딴곳에 살아서 사람들과 거의 접촉하지 않습니다. 또 다른 이름 '사나운뱀'에서 '사나운'은 성질이 아니라 독이 강함을 가리킵니다.

이 뱀이 내뿜는 독의 최대 양은 110밀리그램이며 이 독으로 쥐 108만 5000마리, 사람 289명을 죽음에 이르게 할 수 있습니다. 세상에서 가장 강한 독을 지닌 뱀입니다. 2종의 호주 타이판(타이판은 호주 원주민의 뱀 이름 'Dhayban'에서 유래)인 해안타이판과 내륙타이판은 약 900만 년 전, 같은 조상에서 갈라져 나왔다고 합니다.

🐸 동그라미 속의 개체는 쉬고 있는 모습이에요.

🐸 왕갈색뱀(King brown snake, 학명 *Pseudechis australis*) 또는 멀가뱀(Mulga snake)은 대부분 호주 뱀의 독에 면역이 되어 있으며, 어린 내륙타이판을 먹는 것으로 알려졌어요. 독사이며 몸길이는 약 3.3미터예요.

🐸 페렌티에(Perentie, 학명 *Varanus giganteus*)는 왕도마뱀으로 내륙타이판과 사는 곳이 겹치며, 다 자란 페렌티에는 큰 독사를 쉽게 잡아먹는 것으로 알려졌어요. 몸길이는 1.7~2.0미터, 몸무게는 최대 15킬로그램이에요.

몸 색은 짙은 황갈색이며, 계절에 따라 어두운 색깔에서 갈색을 띤 밝은 초록색까지 다양합니다. 여름에는 몸 색이 더 밝아지고 겨울에는 더 어두워집니다. 계절에 따라 몸 색이 바뀌는 것은 체온을 조절하기 위함이며, 색깔이 짙거나 어두울수록 추울 때 더 많은 빛을 흡수할 수 있기 때문입니다.

눈은 보통 크기에 홍채는 검은빛을 띤 갈색이며, 눈동자 주위에 눈에 띄는 테두리가 없습니다. 번식 방법은 난생이고, 버려진 동물 굴이나 깊은 틈새에 알을 12~24개 낳으며 2달 뒤에 알을 깨고 새끼가 태어납니다. 동물원에서 관리하는 뱀은 보통 10~15년 동안 살며, 호주동물원에서는 20년 넘게 산 뱀이 있다고 합니다. 야생에서는 주로 쥐를 잡아먹는 것으로 알려졌습니다.

코브라과: 전 세계에 약 200여 종이 있으며, 대부분 몸집이 작고 사람을 먼저 공격하지 않지만, 치명적인 독을 가진 독사도 있습니다. 코브라(Cobra)라는 이름은, 이 뱀이 위협을 느끼면 목을 세우고 공기를 들이마시면서 늑골(갈비뼈) 팽팽하게 펼친 뒤 두건(후드 hood)처럼 보이게 하여 적에게 겁을 주는 모습에서 '두건 쓴 뱀(cobra de capello)'이란 뜻의 포르투갈 말로, 유럽 사람들이 인도 뱀을 가리켜 코브라라고 부른 것이 지금까지 이어지게 되었습니다.

해안타이판 Coastal taipan
Oxyuranus scutellatus

몸길이 : 1.5~2.0m, 최대 3.3m
독성 : LD_{50} 0.099mg/kg
보전 상태: 멸종위기 관심 필요
사는 곳: 호주 북부와 동부 해안 지역과 파푸아뉴기니 남부

파푸아뉴기니
호주

🐸 머리가 좁고 길며, 눈두덩이가 각져 있어요.

'보통타이판(Common taipan)'이라고도 불리는 이 뱀은 2종의 아종이 있으며, 내륙타이판과 동부갈색뱀 다음으로 세상에서 세 번째로 독성이 강한 육지 뱀입니다. '해안'이라는 이름은 사는 곳과 관련 있으며, 머리는 길고 좁으며 눈두덩이가 각져 있습니다. 얼굴은 밝은색을 띠며 몸이 가늘고, 몸 색은 다양합니다. 이 뱀은 동부갈색뱀, 북부갈색뱀 그리고 왕갈색뱀과 비슷하지만, 이 뱀들보다 머리가 크고 목이 가늘며 밝은색 얼굴과 주둥이로 구별할 수 있습니다. 다른 종들은 머리와 목의 폭이 같습니다.

몸 색은 고르게 밝은 초록빛을 띤 갈색이거나 붉은빛을 띤 갈색이지만 짙은 회색이나 검은색도 띱니다. 몸 옆쪽이 더 밝고 배 쪽은 보통 흰색에서 옅은 노란색을 띠며, 때때로 주황색 또는 분홍색 얼룩점이 나타나기도 합니다. 계절에 따라 몸 색이 바뀌며, 겨울에는 어두운 색을 띱니다. 눈이 커다랗고 둥글며 눈동자는 옅은 갈색입니다.

더운 날에는 밤에 움직이기도 하지만 주로 이른 아침부터 낮 기온이 올라가기 전까지 활동합니다. 시력이 좋아 사냥할 때 적극적으로 먹이를 찾아 움직이며, 머리를 약간 높이 들고 움직이는 모습을 자주 볼 수 있습니다. 쥐를 비롯해 새들을 사냥합니다. 이 뱀이 지닌 독의 최대 양은 400밀리그램이며 쥐 20만 8019마리, 사람 56명이 죽을 수 있답니다.

내륙타이판과 동부갈색뱀에 이어 세상에서 세 번째로 독이 강하고, 왕갈색뱀에 이어 호주에서 두 번째로 긴 독사예요.

새끼 뱀이 알에서 깨어나고 있어요.

동부갈색뱀 Eastern brown snake
Pseudonaja textilis

몸길이 : 최대 2m / 송곳니 길이 평균 약 2.8mm, 최대 4mm
독성 : LD_{50} 0.0365mg/kg
보전 상태 : 멸종위기 관심 필요
사는 곳 : 호주 동부와 중부, 뉴기니섬 남부

인도네시아 / 파푸아뉴기니 / 호주

방어 자세를 보이는 뱀

▶ 몸 전체가 거의 검은색을 띤 동부갈색뱀

흔히 '갈색뱀(Common brown snake)'이라고도 합니다. 코브라과에 속하는 이 뱀은 머리와 목의 경계가 없고 가늘며, 크기는 보통입니다. 몸 윗부분은 옅은 갈색에서 거의 검은색에 이르기까지 여러 갈색빛을 띠며, 밑부분은 옅은 노란색에 때때로 주황색 또는 회색 얼룩이 있습니다. 호주의 북쪽에서 발견되는 개체들이 남쪽의 개체들보다 몸집이 더 크다고 합니다.

울창한 숲을 제외한 대부분 지역에서 발견되며, 농촌과 도시 주변 지역에서도 많이 보입니다. 주요 먹이인 집쥐를 사냥하므로 사람들에게 도움을 주기도 하지만, 호주에서 뱀에 물린 사망자의 약 60퍼센트가 이 뱀의 물림 사고 때문이라고 합니다. 이 뱀은 최대 155밀리그램의 독이 있다고 알려졌으며, 쥐 21만 2329마리, 사람 58명이 생명을 잃는 양이라고 합니다. 사람들은 뱀이 보이는 방어 자세를 공격성이 강하다고 착각하기도 한답니다. 이 뱀은 최고 속도로 달리는 사람보다 훨씬 빠르게 움직이는 뱀이라는 보고가 있습니다.

🐸 입안은 살구색이에요. 어린 개체는 줄무늬가 특징이지요(동그라미).

   이 뱀은 가끔 왕갈색뱀(또는 멀가뱀)과 혼동하기도 하며, 사는 곳이 여러 지역에서 겹치지만 왕갈색뱀보다 머리가 더 작습니다. 또 동부갈색뱀은 입안이 살구색이지만 북부갈색뱀과 서부갈색뱀은 검은색인 것으로 구별합니다.

   주로 낮에 활동하며, 더운 날에는 늦은 오후에 움직이지만 때때로 밤에 움직이기도 합니다. 봄에 가장 활발하게 움직이며, 수컷이 암컷보다 이른 봄(9월 첫 주)에 활동하고, 따뜻한 겨울날에는 햇볕을 쬐기도 합니다. 굴에서 평균 140일 동안 겨울잠을 자는데 수컷 대부분은 5월 초(남반구 호주는 가을)에 겨울잠(동면)을 자고, 암컷은 수컷보다 늦게 겨울잠을 자는 것으로 알려졌습니다.

   보통 10월 초부터 짝짓기하며, 암컷은 썩은 통나무 속이나 굴 따위의 안전한 장소에 알을 10~35개 낳습니다. 알에서 깨어난 어린 새끼는 31개월가량 지나면 짝짓기를 할 수 있으며, 동물원에서는 최대 15년까지 산다고 합니다.

   동부갈색뱀은 여느 뱀과는 달리 시력에 의지해서 먹잇감을 사냥합니다. 마치 잠수

함 잠망경처럼 머리를 들어 올려 먹이감을 찾은 뒤 먹이감의 몸을 휘감고 물어서 독을 넣어 죽입니다. 사냥감으로는 쥐가 가장 많고 야생 토끼 같은 큰 포유류(젖먹이동물)도 사냥합니다. 작은 새와 새의 알, 심지어 다른 뱀도 사냥합니다. 반면 지팡이두꺼비(Cane toad, 학명 *Rhinella marina*)의 독소에 약한 것으로 알려졌으며 이 두꺼비를 만나면 피한답니다.

뱀이 혀를 날름거리는 것은 공기 중에 떠다니는 미세한 냄새 입자를 모아 뱀의 특수한 '야콥슨 기관'으로 전달하기 위해서예요(위). 지팡이두꺼비는 중남미에 살던 두꺼비로 호주와 카리브해의 여러 섬으로 들어온 세상에서 가장 큰 두꺼비예요. 아주 위험한 독을 지녔고, 몸길이는 10~15센티미터, 최대 24센티미터라고 해요(아래).

다줄크라이트 Many-banded krait
Bungarus multicinctus

몸길이: 최대 약 1.85m
독성: LD_{50} 0.108mg/kg
보전 상태: 멸종위기 관심 필요
사는 곳: 중국 중부와 남부, 대만, 동남아시아(미얀마·태국·라오스·베트남 북부 지역)

아시아

"대만크라이트(Taiwanese krait)' 또는 '중국크라이트(Chinese krait)'로도 알려진 코브라과의 독사입니다. 약 1,500미터 고지대에서도 발견되지만, 습한 저지대 지역(아열대 습지)에서 훨씬 더 많이 발견됩니다. 때때로 도시의 주변 지역에서도 보입니다.

'크라이트(krait)'는 '검은색'을 뜻하는 고대 인도어(산스크리트어)에서 비롯되었다고 합니다. 따라서 이 뱀의 이름을 풀어쓰면 '줄무늬가 많은 검은 뱀'입니다. 이 뱀은 2종의 아종이 있습니다.

몸은 가늘고, 옆으로 약간 납작한 형태입니다. 비늘은 매끄럽고 광택이 있으며, 척추를 따라 등 쪽이 눈에 띄게 솟아 있습니다(몸의 단면이 삼각형). 몸 색은 검은색에서 짙은 청록색을 띠며, 몸 전체에 흰색 또는 옅은 노란색 줄무늬가 21~41개 있습니다.

검은색을 띤 머리는 평평하고 넓은 타원형입니다. 눈은 작고 검은색이며 콧구멍이 큽니다. 작은 송곳니는 위턱 앞쪽에 고정되어 있습니다. 어릴 때는 보통 머리 아래쪽에 흰색 얼룩이 있습니다.

밤에 활동하는 야행성이며, 낮에는 구멍 등에 숨어 있습니다. 4월부터 활동하며 11월에는 겨울잠에 들어갑니다. 줄무늬크라이트(Banded krait)보다 소심하고 차분하다고 합니다. 주로 물고기를 먹지만 다른 종의 뱀을 잡아먹기도 하고, 쥐와 같은 설치류와 뱀장어, 개구리, 때때로 도마뱀을 먹습니다.

8~9월에 짝짓기하며, 암컷은 보통 알을 3~15개 낳지만 많게는 20개까지 낳을 수 있다고 합니다. 알은 약 한 달 반이 지난 뒤 부화하며, 갓 깨어난 새끼의 몸길이는 약 25센티미터입니다.

🐸 탈피 직전의 흐려진 눈과 몸 빛깔(위), 탈피 후 척추를 따라 등 쪽이 눈에 띄게 솟아 있어요(아래).

🐸 줄무늬크라이트(Banded krait, 학명 *Bungarus fasciatus*)는 인도와 동남아시아에서 발견되는 독사예요. 최대 몸길이는 2.7미터로, 몸에 검은색과 노란색 띠무늬가 번갈아 나타나지요. 몸의 단면은 삼각형이며, 눈은 검은색이에요(위). 검은색 머리에 화살촉 모양의 노란색 표시가 있어요(아래).

넓은띠큰바다뱀 Black-banded sea krait
Laticauda semifasciata

몸길이: 약 1.7m
독성: LD_{50} 0.111mg/kg
보전 상태: 멸종위기 취약 근접
사는 곳: 서태평양의 따뜻한 바다(필리핀, 인도네시아, 일본 오키나와, 대만)

아시아
태평양

넓은띠큰바다뱀이 기후 변화로 우리나라 남해안에서도 발견되었어요.

'검은띠큰바다뱀', '중국바다뱀(Chinese sea snake)', '에라부(Erabu)'라고도 알려진 이 큰바다뱀은 산호초 지역을 좋아합니다. 두툼한 몸통에 머리가 짧아 목 부분을 쉽게 구별할 수 없습니다. 척추뼈가 연결되어 있지 않은 꼬리는 단지 피부가 길게 늘어나 지느러미처럼 넓게 펴진 형태라 헤엄치기에 좋습니다.

몸 색은 주로 짙은 청색이거나 옅은 청색 바탕에 검은색 줄무늬가 있는 것이 특징이며, 여느 큰바다뱀류보다 줄무늬 개수가 적습니다.

해안 근처의 산호초와 동굴에 모여서 번식하며, 암컷은 육지에 알을 3~7개 낳습니다. 4~5개월 뒤에 알을 깨고 새끼가 태어납니다. 낮에는 거의 볼 수 없는 야행성이며, 공기 호흡을 하려고 적어도 여섯 시간에 한 번씩 수면 위로 올라옵니다.

빠르게 헤엄칠 수 없는 이 뱀은 주로 산호초에 숨어 있는 물고기를 사냥합니다. 독성이 매우 강한 이빨로 물어 아주 쉽게 사냥감을 마비시킵니다. 이 뱀은 위협을 받거나 자극받지 않으면 사람을 공격하지 않는답니다.

최근 들어 주로 살아온 곳(대만, 필리핀과 인도네시아를 포함한 일본)에서 벗어나 우리나라 남해안에서 이 뱀이 발견되었습니다. 이는 기후 변화에 따라 원래 살던 곳에서 북쪽으로 이동한 것이라고 합니다.

🐸 줄무늬바다뱀(Banded sea krait) 또는 노랑입술바다뱀(Yellow-lipped sea krait)은 독이 있는 바다뱀으로, 몸에 검은색 줄무늬가 있어요.

🐢 줄무늬바다뱀은 노란색 주둥이가 특징이에요(위).
줄무늬바다뱀의 꼬리 역시 피부가 늘어나 노처럼
평평한 형태예요(아래).

바다뱀 Yellow-bellied sea snake
Hydrophis platurus

몸길이: 최대 0.7m(수컷), 0.9m(암컷)
독성: LD_{50} 0.067mg/kg
보전 상태: 멸종위기 관심 필요
사는 곳: 대서양을 제외한 전 세계의 열대 바다

아프리카 아시아 태평양 아메리카
인도양

우리말 이름은 바다뱀, 영어 이름은 이 뱀의 특징을 고스란히 담은 '노랑배바다뱀(Yellow-bellied sea snake)'입니다. 이름에서 알 수 있듯이 몸 아랫부분은 노란색이나 옅은 갈색, 윗부분은 검은색이나 푸른빛을 띤 갈색을 띠고 있어 여느 바다뱀 종과 쉽게 구별할 수 있습니다. 몸 색은 다양하지만, 대부분 뚜렷하게 구분되는 두 가지 색을 띱니다.

수많은 바다뱀과 마찬가지로 바다에 완전히 적응하여 평생을 살아갑니다. 바닷속에서 생활하기 좋게 배 비늘의 크기가 작고, 헤엄치기 알맞게 몸이 옆으로 납작하며, 꼬리 쪽은 노처럼 납작한 형태로 목 지름의 절반보다 더 얇습니다.

노 모양의 꼬리는 노란색 바탕에 몸 색과 같은 막대 모양이나 둥근 점들이 있어요.

물이 들어오지 않게 하는 밸브 형태의 콧구멍과 피부로 호흡하며, 이때 필요한 산소의 33퍼센트까지 흡수할 수 있습니다. 이 뱀은 바닷물을 마시지 않고 바닷가의 소금기가 가라앉은 민물을 마시며, 가뭄 등 최대 7개월 동안 물을 마시지 않은 상태에서도 살아남는다고 합니다. 전 세계에 널리 분포하는 뱀 중 하나입니다.

주로 따뜻한 바다에서 번식하는 이 뱀은 임신 기간이 약 6개월인 난태생이며, 암컷은 조수 웅덩이에 새끼를 낳습니다. 이 뱀은 물고기를 유인하기 위해 물 표면에 떠다니며 사냥합니다. 뒤로 헤엄치는 특별한 능력은 이 종을 구별하는 특징이기도 합니다.

바다에서 살아가는 뱀 가운데 두보이스바다뱀(Dubois' sea snake, 학명 *Aipysurus duboisii*, 몸길이는 평균 약 0.8m와 최대 1.48m, 송곳니 길이는 1.8mm, 독성은 LD_{50} 0.044mg/kg)은 바다뱀보다 독성이 더 강합니다.

🐸 사람들이 오가는 바닷가에 바다뱀이 나타났어요!

🐢 어린 뱀은 해류(바다의 흐름)를 따라 떠다니며 작은 물고기들을 잡아먹어요.

부리바다뱀 Beaked sea snake
Hydrophis schistosus

몸길이 : 1.3m
독성 : LD_{50} 0.1125mg/kg
보전 상태 : 멸종위기 관심 필요
사는 곳 : 열대 인도양 – 서태평양

아프리카　아시아　태평양
인도양

🐸 주둥이의 제일 앞쪽 비늘이 아래로 구부러져 부리처럼 보여요.

'갈고리코바다뱀(Hook-nosed sea snake)', '일반바다뱀(Common sea snake)' 또는 '발라카딘바다뱀(Valakadyn sea snake)'으로도 알려진 이 뱀은 인도-태평양에서 흔히 볼 수 있는 독사입니다. 바다뱀에 물린 사고에서 이 뱀이 50퍼센트 이상을 차지할 뿐만 아니라 대부분 독사 물림의 죽음과도 관련이 있습니다.

주둥이 비늘은 기다랗고, 몸 윗부분은 고르게 짙은 회색을 띠며 옆부분과 밑부분은 희끄무레합니다. 어린 개체의 몸은 초록빛을 띤 갈색이거나 회색에 검은색 가로띠가 있으며, 가운데가 가장 넓습니다.

이 뱀은 낮과 밤 모두 활동합니다. 깊이 100미터까지 잠수할 수 있으며 최대 다섯 시간 동안 물속에 머물 수 있습니다. 몸속에 염분이 지나치게 쌓이지 않게 염분을 내보내는 땀샘이 있습니다. 성질이 급하며 사납다고 알려진 이 뱀은 주로 물고기를 먹습니다.

난태생으로 번식하며 한 번에 새끼를 보통 10~30마리 낳습니다.

어른 뱀은 바다 깊이에 따라 윗부분은 어두운 색을 띠고, 아랫부분은 더 밝은색을 띠어 바다 표면보다 어두워 보이지 않게 주변 환경에 따라 몸 색을 바꿀 수 있어요.

🐸 부리바다뱀이 그물에 걸렸지만 다행히 어부들이 풀어 주어 바다로 가고 있어요.

호랑이뱀 Tiger snake
Notechis scutatus

몸길이: 약 1.2m, 최대 2m
독성: LD_{50} 0.131~0194mg/kg
보전 상태: 멸종위기 관심 필요
사는 곳: 호주 남부 해안의 여러 섬과 태즈메이니아섬

호주

태즈메이니아섬

▲ 위협을 받으면 몸을 납작하게 펴고 머리를 땅 위로 들어 공격 자세를 보여요.
▶ 머리는 납작하고 뭉툭해요.

코브라과의 이 뱀은 호랑이처럼 검은색과 노란색 줄무늬가 있으며, 지역에 따라 크기와 몸 색이 매우 다양합니다. 이때 공통 이름(호랑이뱀) 앞에 발견되는 지역이나 섬 이름을 붙여 부르기도 합니다. 예를 들면 동부호랑이뱀, 서부호랑이뱀, 페닌슐라호랑이뱀 따위입니다.

또한 계절에 따라 몸 색이 변하기도 합니다. 이 뱀은 어두운 색의 띠무늬가 몸의 바탕색과 뚜렷하게 대조를 이루기도 하고, 옅거나 매우 짙은 색을 띠기도 합니다. 색은 초록빛을 띤 갈색, 노란색, 주황색, 갈색 그리고 검붉은색을 띠며, 아랫면은 밝은 노란색 또는 주황색입니다. 여느 뱀과 마찬가지로 몸 색은 개체마다 크게 다르지만, 몸 색으로 아종을 구별하지 않습니다. 정확한 방법은 독 실험이나 비늘 개수 따위를 헤아려 아종을 구별합니다.

이 뱀은 머리가 납작하고 뭉툭하며 다부집니다. 독을 사용하여 사냥하고, 공격자를

🐸 검붉은색의 페닌슐라호랑이뱀(Peninsular tiger snake)은 평균 몸 길이가 1.1미터예요.

물기도 합니다. 기온이 낮아도 잘 견디는 이 뱀은 따뜻한 밤에 활동하기도 합니다. 위협을 받으면 몸을 쭉 펴고 머리를 들어 공격 자세를 보입니다.

  이 뱀은 난태생으로 새끼를 20~30마리 낳으며, 64마리를 낳은 기록도 있습니다. 따뜻한 봄에 짝짓기하고 여름에 새끼를 낳습니다. 호주에서 발생한 뱀에 물린 피해 건수의 약 17퍼센트를 차지하며 이 뱀에게 물린 사고 119건에서 4명이 사망했습니다.

　　호주 대부분 지역에서 보호종으로 지정되었으며, 이 뱀을 죽이거나 다치게 하면 벌금을 물거나 일부 주에서는 징역형을 선고받는다고 합니다. 당연히 호주 토종인 이 뱀을 수출하는 것도 불법입니다.

🐸 동부호랑이뱀(Eastern tiger snake)은 등 쪽은 짙은 갈색, 배는 옅은 노란색을 띠어요.

🐸 서부호랑이뱀(Western tiger snake)은 등 쪽에 밝은 노란색 띠가 있고 배는 노란색이며 꼬리는 검은색이에요(위). 채펠섬호랑이뱀(Chappell Island tiger snake)은 호주 태즈메이니아섬에서 발견되며, 평균 몸길이 1.5미터로 호랑이뱀보다 더 커요. 등은 초록빛을 띤 갈색에서 거의 검은색을 띠며, 때로는 줄무늬가 더 밝은색이기도 해요. 배는 등 쪽보다 더 밝은색을 띠지요(아래).

검은맘바 Black mamba
Dendroaspis polylepis

몸길이: 약 2~3m, 최대 4.3~4.5m / 송곳니 길이 6.5mm / 몸무게 평균 1.03kg
독성: LD$_{50}$ 0.32mg/kg
보전 상태 : 멸종위기 관심 필요
사는 곳: 중부 아프리카(중앙아프리카공화국, 콩고민주공화국, 남수단, 에티오피아, 케냐, 우간다, 탄자니아, 르완다), 남부 아프리카(남아프리카공화국, 나미비아)
(주황색이 주로 사는 지역, 노란색 영역은 결정적이지 않음)

아프리카

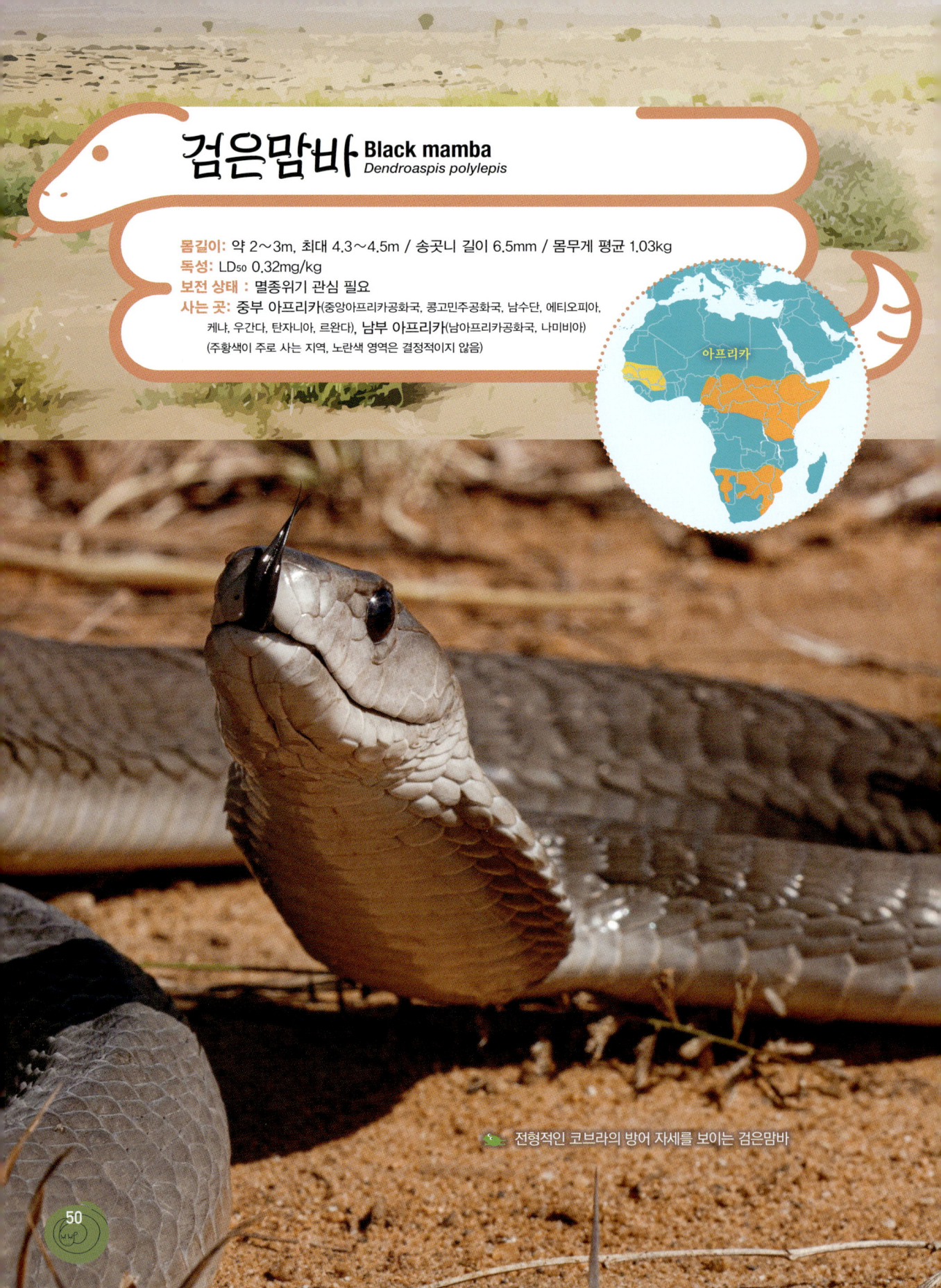

전형적인 코브라의 방어 자세를 보이는 검은맘바

이 뱀은 코브라과에 속하는 독사로 맘바(사하라사막 이남의 아프리카 지역에 사는 독사) 4종 가운데 하나이며, 사람들이 가장 두려워하는 뱀입니다. 나머지 맘바 3종은 몸 색이 녹색으로 나무에서 살며, 이와 달리 검은맘바는 몸 색이 갈색 또는 회색을 띠며 나무에서도 살지만 주로 땅에서 살아갑니다. 검은맘바는 몸 색이 아닌 입안이 검은빛을 띠고 있어 붙인 이름입니다. 마치 검은색 사탕을 먹은 뒤 입안이 온통 검은색인 것과 같지요.

킹코브라에 이어서 두 번째로 긴 독사이며 몸은 가느다란 원통형입니다. 어린 뱀은 다 자란 개체보다 몸빛이 옅으며, 자라면서 점점 짙어집니다. 사바나(삼림과 초원이 어우러진 평원)와 삼림지대, 비탈진 바위 같은 적당히 건조한 곳을 좋아합니다. 일부 지역에서는 울창한 숲에서 살아갑니다. 주로 낮에 활동하며 새와 작은 포유류 그리고 다른 뱀도 먹는 것으로 알려졌습니다.

입안이 온통 검은색이에요.

사냥할 때 먹잇감을 문 뒤 계속 몸으로 휘감고 있는 것이 아니라 풀어놓고 독이 퍼져 먹잇감이 완전히 마비되거나 죽은 뒤에 삼킵니다. 8~10시간 만에 먹이를 완전히 소화하는 것으로 보고되었습니다.

매우 빠른 뱀으로 알려졌으며, 최대 시속 16킬로미터의 속도로 이동할 수 있습니다(100미터 세계 기록 보유(9.58초) 육상 선수의 순간 최고 속도는 시속 약 44.7킬로미터). 위협 표시로 일반 코브라와 마찬가지로 목의 피부를 늘리면서(다른 코브라보다 목

◀ 머리는 관 모양으로 평평하지요.
▼ 알을 깨고 나오는 새끼 검은맘바예요.

주변이 좁고 깁니다) 검은색 입을 벌려 쉿쉿 소리를 냅니다. 강력하고 공격적인 이 뱀은 독의 최대 양이 400밀리그램으로 쥐 7만 1429마리, 사람 19명을 죽음에 이르게 할 수 있다고 합니다. 이처럼 사람들을 공포에 떨게 하는 뱀이지만, 위협을 받거나 궁지에 몰릴 때에만 사람을 공격합니다.

수컷 두 마리가 암컷을 차지하려고 싸움을 벌여요.

이 뱀은 눈두덩이가 각져 있으며, 눈은 중간 크기에 머리 위쪽이 평평한 관 모양입니다. 꼬리는 길고 가늘며 꼬리뼈는 몸길이의 17~25퍼센트를 차지합니다. 몸 색은 갈색과 회색, 초록빛을 띤 갈색, 탁한 황갈색 따위로 무척 다양하지만 검은색은 거의 없습니다. 자줏빛을 띤 개체도 있습니다. 홍채는 회색빛을 띤 갈색과 검은색에 가까운 색이며, 눈동자는 은백색 또는 노란색 테두리로 둘러싸여 있습니다.

검은맘바는 초봄에 알을 낳으며, 짝짓기 시기에는 수컷들이 암컷을 차지하려고 씨름하듯이 서로 얽혀 싸움을 벌입니다. 이 행동을 일부 관찰자들은 수컷의 구애 행동으로 착각했답니다.

암컷은 알 6~17개를 낳습니다. 알에서 갓 깨어난 새끼의 몸길이는 40~60센티미터이며 1년이 지나면 약 2미터로 자랍니다. 검은맘바는 최대 11년까지 살 수 있는 것으로 알려졌으며, 더 오래 산 기록도 있습니다. 이 뱀은 집을 정해 놓고 생활하며, 사냥하다가 위험이나 방해가 없으면 다시 집으로 돌아옵니다. 다 자란 이 뱀은 맹금류(육식성의 사나운 새 무리)를 제외하고는 포식자가 거의 없으며, 갈색뱀독수리(Brown Snake Eagle, 학명 *Circaetus cinereus*), 토니독수리(Tawny eagle, 초원독수리, 학명 *Aquila rapax*), 마셜독수리(Martial eagle, 전사독수리, 학명 *Polemaetus bellicosus*)가 검은맘바의 포식자로 알려졌습니다. 맘바 독에 저항력이 있고 이 뱀의 공격을 피할 수 있을 만큼 빠른 몽구스도 때때로 검은맘바를 잡아먹습니다.

1 검은맘바는 나머지 3종과는 달리 몸 색이 주로 갈색이나 회색을 띠어요.

2 동부초록맘바(Eastern green mamba, 학명 *Dendroaspis angusticeps*)는 검은맘바와 가장 가까운 친척이라고 해요.

3 서부초록맘바(Western green mamba, 학명 *Dendroaspis viridis*)는 제임슨맘바와 자매종으로 분류되어요.

4 제임슨맘바(Jameson's mamba, 학명 *Dendroaspis jamesoni*)는 스코틀랜드의 자연주의자이자 광물학자로 50년 동안 에든버러대학교에서 자연사 교수를 지낸 제임슨 교수(Robert Jameson, 1774~1854년)를 기억하기 위해 붙인 이름이에요.

1	2
3	
4	

1 케이프파일뱀(Cape file snake, 학명 *Limaformosa capensis*)은 어린 검은맘바를 잡아먹기도 해요. 이 뱀은 아프리카 고유종으로 독이 없어요.

2 갈색뱀독수리는 아프리카 서부, 동부와 남부에서 발견되어요. 이 독수리는 다양한 뱀의 절대적인 포식자로 알려졌어요. 몸길이는 66~78센티미터, 날개편길이는 160~185센티미터, 최대 200센티미터예요.

3 토니독수리(초원독수리)는 몸길이 58~75센티미터, 날개편길이는 157~190센티미터예요.

4 마셜독수리(전사독수리)는 몸길이 78~96센티미터, 날개편길이는 188~227센티미터예요.

킹코브라 King cobra
Ophiophagus hannah

- **몸길이** : 3.18~4m, 알려진 최대 길이 5.85m / 몸무게 평균 6kg
- **독성** : LD_{50} 1.80mg/kg
- **보전 상태** : 멸종위기 취약
- **사는 곳** : 인도, 중국 남부, 동남아시아

아시아

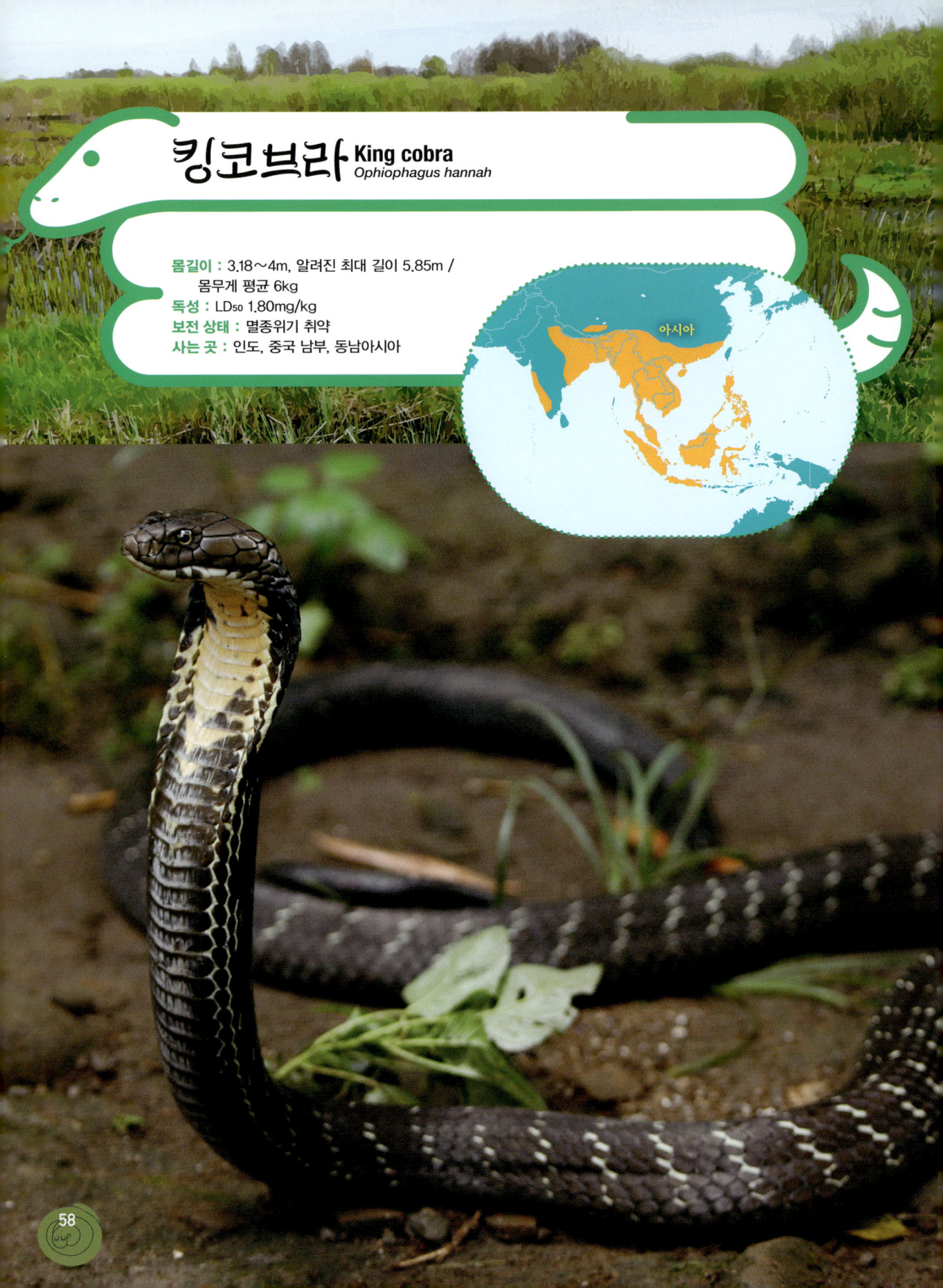

🐸 몸 앞부분을 땅에서 약 1미터 들어 올린 위협 자세로 꽤 긴 거리까지 적을 따라간다고 해요.

세상에서 가장 긴 독사입니다. 여러 종류의 뱀을 비롯해 때때로 도마뱀, 설치류 같은 작은 척추동물을 잡아먹습니다. 사람과 마주치지 않고 피하는 편이며, 궁지에 몰릴 때는 강한 독을 내뿜는 위험하고 무시무시한 뱀입니다. 이 뱀이 지닌 독의 최대 양은 1,000밀리그램으로 쥐 4만 5830마리, 사람 11명을 죽일 수 있다고 합니다. 킹코브라는 인도, 스리랑카, 미얀마의 신화와 전설에서 신성하게 여기는 뱀으로 등장하며, 인도의 국가 파충류입니다.

몸 색은 지역에 따라 다르지만 보통 초록빛을 띤 갈색이거나 갈색, 노란색이며, 몸통에 노란색 또는 흰색의 띠가 있습니다. 주둥이는 둥글고 혀는 검은색입니다. 위턱에 송곳니(독니)가 2개 있고, 아래턱에는 이빨이 2줄 나 있습니다. 눈이 크고, 홍채는 황금빛을 띠며 눈동자는 둥그렇습니다.

킹코브라는 번식기에 암수 차이가 나타나는데, 수컷이 더 크고 몸 색이 옅습니다. 대부분의 뱀과 마찬가지로 유연한 턱을 늘려 큰 먹이를 삼킬 수 있으며, 먹이 냄새를 감지하면 그 위치를 알아내려고 두 갈래 혀를 바쁘게 날름거립니다. 갈라진 혀로 냄새

🐸 머리(왼쪽 위), 몸의 줄무늬는 흰색과 검은색이 번갈아 나타나요(오른쪽 위).
킹코브라가 다른 뱀을 사냥하고 있어요(아래).

입자를 잡아 입천장에 있는 감각 수용체(야콥슨 기관Jacobson's organ)로 전달합니다. 거의 100미터 떨어진 곳에서도 움직이는 먹이를 알아챈다고 하지요.

주로 낮에 사냥하지만 밤에도 드물게 발견됩니다. 큰 먹이를 먹은 뒤에는 신진대사

🐸 킹코브라 먹이인 쥐잡이뱀 대부분은 북반구에서 발견되며, 보통 독이 없다고 알려졌지만 최근 연구에서는 약간의 독이 있는 것으로 밝혀졌어요. 쥐잡이뱀은 구렁이류를 가리키며, 주로 쥐를 몸으로 휘어 감아 조여서 사냥해요. 파충류를 좋아하는 사람들이 애완동물로 많이 키우는 뱀이지요.

속도가 느려서 아무것도 먹지 않고 몇 달을 지낼 수 있다고 합니다. 놀라면 몸 앞부분을 들어 올려 목 주변을 후드처럼 평평하게 펼치고 송곳니를 보이면서 쉿쉿 소리를 크게 냅니다. 그 소리가 여느 뱀보다 훨씬 낮아 사람들은 그르렁거리는 소리로 들린다고 합니다. 킹코브라의 먹잇감인 쥐잡이뱀(Rat snake) 종류도 비슷한 소리를 내는 것으로 알려졌습니다.

킹코브라는 3월 말부터 5월 말까지 마른 잎사귀로 둥지를 짓는 유일한 뱀입니다. 알 6~38개를 낳아 66~105일을 품은 뒤에 깨어난 새끼의 몸길이는 37.5~58.5센티미터이고 무게가 9~38그램입니다. 새끼의 독도 성체의 독만큼이나 강력합니다.

야생 킹코브라의 평균 수명은 약 20년입니다. 중국과 베트남에서는 킹코브라를 보호하고 있으며, 1972년 야생동물보호법을 지정한 인도에서는 킹코브라를 죽이면 최대 6년의 징역형을 받습니다. 천적으로는 같은 종의 킹코브라와 몽구스, 맹금류 등이 있습니다. 킹코브라끼리 서로 천적인 이유는 킹코브라가 다른 킹코브라를 물면 물린 킹코브라도 독에 중독되기 때문이지요.

인도코브라 Indian cobra
Naja naja

- **몸길이** : 1~1.5m
- **독성** : LD$_{50}$ 0.45mg/kg
- **보전 상태** : 멸종위기 정보 없음
- **사는 곳** : 인도 전역

아시아
인도
스리랑카

🐸 목 뒤쪽에 안경 무늬가 뚜렷해요.

이 뱀은 '안경코브라(Spectacled cobra)', '아시아코브라(Asian cobra)' 또는 '비노셀레이트코브라(Binocellate cobra)'라고도 불립니다. 인도코브라는 인도 신화와 문화에서 신성하게 여기는 뱀으로, 중간 크기에 몸무게가 제법 무겁습니다. 이 뱀은 위협을 받으면 목 주위를 넓게 펼치는데, 이때 목 뒤쪽으로 안경 무늬가 뚜렷하게 나타나는 것이 특징입니다. 머리가 타원형이고 눌려 있어 목과 구별됩니다. 주둥이는 짧고 둥글며 콧구멍이 큽니다. 눈은 중간 크기에 눈동자가 둥그렇습니다. 이 뱀의 배 비늘은 회색, 노란색, 황갈색, 갈색, 붉은색, 검은색을 띱니다.

인도코브라는 다양한 곳에서 삽니다. 울창한 숲, 평야, 농경지, 바위가 많은 지형, 습지에서 발견되며, 바다에서부터 마을과 도시 주변 지역처럼 인구 밀도가 높은 지역에서도 볼 수 있습니다. 이 뱀이 좋아하는 은신처는 둑의 구멍, 나무에서 움푹 들어간

인도코브라는 목 옆쪽에 각각 점이 하나씩 있어요. 사는 곳에 따라 이 점들의 위치가 달라요.

🐸 인도코브라와 혼동하기 쉬운 외알안경코브라(Monocled cobra, 학명 *Naja kaouthia*)는 이름처럼 몸 뒤쪽의 'O' 자 무늬가 하나 있어서 인도코브라와 구별되어요.

곳, 흰개미 집, 돌 더미와 작은 포유류의 굴입니다.

 암컷은 4~7월에 보통 쥐구멍이나 흰개미 집에 알을 10~30개 낳으며, 알은 48~69일 뒤에 부화합니다. 알에서 깨어난 새끼의 몸길이는 20~30센티미터입니다. 새끼도 독샘이 있습니다. 인도코브라가 지닌 독의 양은 약 610밀리그램이라고 하며, 이 양의 독이면 쥐 3만 3689마리, 사람 10명이 죽을 수 있다고 합니다.

 인도를 소개하는 영상에서 뱀 부리는 사람의 피리 소리에 맞춰 바구니에서 춤을 추는 코브라를 자주 볼 수 있습니다. 이것은 뱀이 피리 소리에 맞춰 춤을 추는 것이 아니라 뱀 부리는 사람의 피리를 부는 동작이나 두드리는 소리에 땅의 흔들림을 마치 포식자의 위협으로 느껴 이에 맞서는 동작입니다. 지난날에는 뱀 부리는 사람들이 코브라와 몽구스가 싸움을 벌이는 쇼를 벌이기도 했습니다. 코브라가 일방적으로 죽임을 당하는 잔혹한 이 싸움 쇼는 지금은 법으로 금지되었습니다.

케이프코브라 Cape cobra
Naja nivea

몸길이 : 약 1.2~1.4m, 수컷이 암컷보다 약간 덩치가 큼
   최대 기록 1.86m(수컷)
독성 : LD50 0.72mg/kg
보전 상태 : 멸종위기 정보 없음
사는 곳 : 남부 아프리카 전역

아프리카
남아프리카공화국

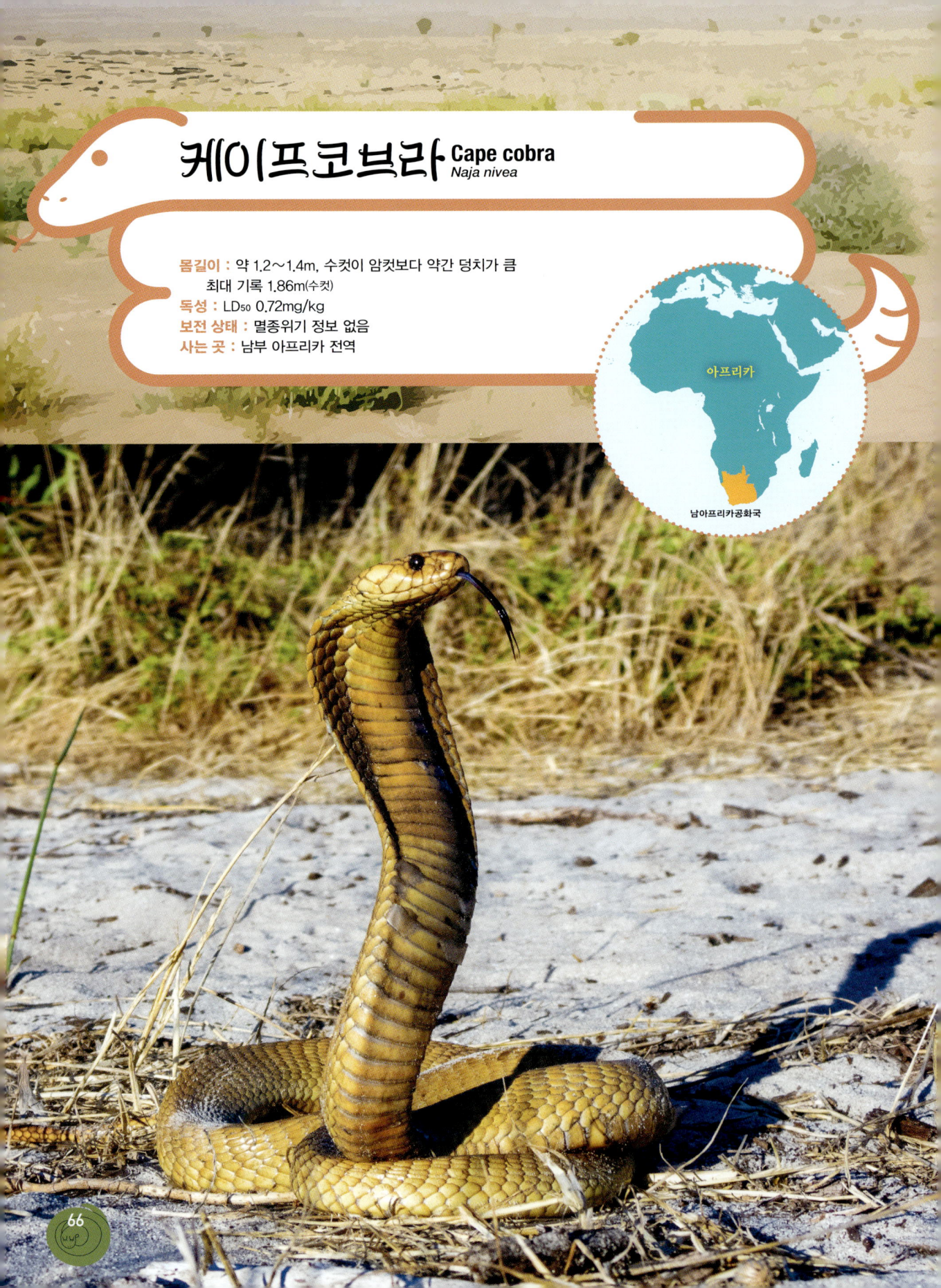

🐍 보통 때의 모습

'노란색코브라'라고도 불리는 이 뱀은 남부 아프리카에서 '노란뱀(Geelslang)'과 '갈색코브라(bruinkapel)'로도 알려져 있고, 남아프리카공화국에서는 '구리코브라(Koperkapel)'라고 부릅니다. 이렇게 여러 이름으로 불리는 것은 몸 색이 노란색에서 황금빛을 띤 갈색, 짙은 갈색, 심지어 검은색까지 매우 다양한 색상 변이가 나타나기 때문입니다. 건조한 사바나, 사막과 반사막 지역을 포함한 남부 아프리카 전역에서 살아가는 남부 아프리카 고유종으로, 중간 크기의 독사입니다.

낮에 활동하며 같은 종은 물론 여러 뱀, 설치류, 새, 죽은 동물을 먹는 것으로 알려졌습니다. 종종 설치류의 굴, 버려진 흰개미 집과 건조한 지역의 바위틈에서 살아갑

남아프리카공화국에서는 '구리코브라'라고 부르는데, 몸 색이 변이를 일으켜 구리색으로 보이기 때문이지요. 얼룩점이 있는 개체도 있어요.

니다. 이 뱀은 쥐 같은 설치류의 먹잇감을 찾으려거나 더위를 피하려고 도시 주변 지역의 사람들이 사는 집에 들어가기도 하여 사람들과 맞닥뜨리기도 합니다. 이에 따라 아프리카 전체에서 아주 위험한 코브라종으로 여깁니다. 이 뱀이 지닌 독의 양은 약 250밀리그램으로 쥐 3만 1250마리, 사람 9명이 죽을 수 있습니다.

　이 뱀은 낮에 활발하게 먹이를 찾습니다. 매우 더운 날에는 해가 진 뒤에 움직이기도 하지만, 밤에는 활동하지 않는다고 합니다. 땅에서 생활하지만 나무와 덤불도 쉽게 올라갑니다. 이 뱀은 다른 케이프코브라의 새끼를 먹는 것으로 알려졌습니다.

▲ 위협을 받으면 재빨리 몸을 땅에서 들어 올려 목 주변을 펼치고 쉿쉿 소리를 내지요.

▶ 벌꿀오소리(Honey badger, 학명 *Mellivora capensis*) 또는 라텔(Ratel)은 케이프코브라를 잡아먹어요. 이 벌꿀오소리를 비롯해 맹금류와 다양한 몽구스종이 케이프코브라의 천적이지요.

9~10월의 짝짓기 시기에는 평소보다 더 공격적으로 변합니다. 암컷은 한여름(12월~이듬해 1월)에 8~20개의 알을 구멍이나 버려진 흰개미 집 또는 따뜻하고 습한 장소에 낳습니다. 알에서 깨어난 새끼의 몸길이는 34~40센티미터입니다.

숲코브라 Forest cobra
Naja melanoleuca

- **몸길이**: 1.4~2.2m, 최대 기록 약 3.2m / **몸무게** 평균 509.5g, 최대 2~3.6kg
- **독성**: LD$_{50}$ 0.225mg/kg
- **보전 상태**: 멸종위기 정보 없음
- **사는 곳**: 아프리카 대륙의 중부와 서부

아프리카

▶ 전형적인 방어 자세를 취하는 숲코브라

'검은코브라(Black cobra)', '검은입술코브라(Black and white-lipped cobra)'라고도 알려진 코브라과의 독사입니다. 아프리카 고유종이며, 대부분 아프리카 대륙의 중서부 지역에서 발견됩니다. 암수 크기는 비슷합니다. 저지대의 숲과 습한 사바나를 좋아하지만 이 뱀은 적응력이 뛰어나 넓은 지역에서 관찰됩니다.

10미터 넘는 높이까지 나무를 오르는 것으로 알려졌으며, 헤엄치기에도 뛰어나 물가에 사는 개체는 물고기를 주로 먹기도 합니다. 사람의 발길이 뜸한 지역에서는 낮에 활동하지만 그렇지 않은 곳에서는 밤에도 움직입니다. 수풀이 엉클어진 덤불 더미, 속이 빈 통나무, 바위틈, 숲 가장자리 또는 흰개미 집에서 주로 지냅니다. 어떤 지역에서는 강둑을 따라 밖으로 드러난 뿌리 사이나 구멍에 숨어 있으며, 도시에서는 쓰레기 더미나 버려진 건물에 숨어 있기도 합니다. 큰 곤충에서 작은 포유류와 파충류에 이르기까지 매우 다양한 먹이를 먹습니다.

행동이 재빠른 이 뱀은 위험을 느끼면 머리를 들어 올리고, 길고 가느다란 목의 후드를 펼쳐 쉿쉿거리며 큰 소리로 코브라 특유의 경고 자세를 보입니다. 경계심이 강하고 꽤 먼 거리까지 빠르게 공격할 수 있습니다.

이 뱀은 독을 내뱉거나 뿌리지 않고 이빨로 물어서 독을 넣습니다. 이 뱀이 지닌 독의 최대 양은 1,102밀리그램으로 쥐 24만 4889마리, 사람 65명을 죽음에 이르게 할 수 있다고 합니다. 머리가 크고 납작하여 목과 구별됩니다. 등 쪽 비늘은 매끄럽고 광택이 있으며 사선(비스듬하게 비껴 그은 줄, 빗금)으로 배열되어 있습니다. 이 종의 몸 색은 사는 지역에 따라 다양하게 나타납니다.

짝짓기 전에 암수는 춤추듯이 머리를 땅에서 들어 올리고 이리저리 움직입니다. 이 춤은 약 한 시간 동안 이어지기도 합니다. 암컷은 여름에 알을 11~26개 낳습니다. 갓 깨어난 새끼의 몸길이는 22~25센티미터입니다. 이 뱀은 수명이 긴 것으로 알려졌습니다. 동물원에서는 28년 동안 살았다고 하며, 35년 이상을 산 기록도 있습니다.

🐸 독을 뿜어내거나 내뱉지 않고 이빨로 물어서 독을 흘려 넣어요.

🐸 숲코브라는 두 눈 사이가 넓게 벌어져 있어요.

카스피코브라 Caspian cobra
Naja oxiana

몸길이: 평균 약 1m, 1.5m를 넘는 예는 드묾
독성: LD_{50} 0.2mg/kg
보전 상태: 멸종위기 정보 없음
사는 곳: 중앙아시아(투르크메니스탄, 우즈베키스탄, 키르기스스탄, 타지키스탄, 아프카니스탄, 이란 북동부)

이 뱀은 '중앙아시아코브라(Central Asian cobra)', '국자뱀(Ladle snake, 코브라 전형적인 방어 자세를 본뜬 이름)', '옥서스코브라(Oxus cobra, '옥서스'는 중앙아시아의 아무다르야 Amu Darya의 라틴어 이름)' 또는 '러시아코브라(Russian cobra)'라고도 합니다. 코브라과의 독사이며 중앙아시아(서쪽의 카스피해, 동쪽의 중국과 몽골, 남쪽의 아프가니스탄과 이란, 북쪽의 시베리아 평원으로 둘러싸인 지역)의 고유종입니다.

몸 앞쪽은 위아래로 눌려 있고 뒤쪽은 원통형입니다. 머리는 타원형으로 납작하여 목과 구별되며, 주둥이는 짧고 둥글며 콧구멍이 큽니다. 눈은 중간 크기이며 눈동자가 둥급니다. 숲코브라와 마찬가지로 등 쪽 비늘은 매끄럽고 사선으로 배열되어 있습니다. 어린 개체는 몸 색이 마치 빛깔이 바랜 듯 희끄무레하게 보이지만, 몸 주위에 폭이 엇비슷하고 명암이 뚜렷한 '十' 자 무늬가 있습니다. 다 자란 개체는 밝은 갈색에서 짙은 갈색 또는 노란색을 띠며, 일부는 배 쪽에 어릴 때의 어두운 띠가 남아 있기도 합니다.

해발 약 3,000미터의 바위와 돌이 많은 관목 지역이나 관목으로 덮인 산기슭에서 이따금 발견됩니다. 카스피코브라는 아시아에서 발견되는 코브라 중 가장 서쪽에 사는 종입니다.

이 뱀은 공격적이고 사나운 것으로 알려졌으며, 최대 590밀리그램의 독이 있어 쥐 16만 2165마리, 사람 42명이 목숨을 잃을 수 있다고 합니다. 주로 낮에 활동하지만, 일부 지역에서는 가장 더운 달(7월과 8월)에 해가 질 녘이나 밤에 움직이기도 합니다. 나무에 잘 오르고 헤엄도 잘 치는 것으로 알려졌습니다. 작은 포유류, 양서류, 새와 새의 알을 먹으며 때때로 물고기도 먹습니다. 민첩하게 움직이는 이 뱀은 둑이나 나무 구멍에서 삽니다.

▲ 목 아래에 검은색 띠가 여러 개 있어요.

▶ 1977년 옛 소련에서 발행한 '독사-유용한 동물군' 시리즈 우표예요.

🐢 몸 앞쪽은 위아래로 눌려 있고 뒤쪽은 원통형이에요.

러셀살모사 Russell's viper
Daboia russelii

몸길이: 평균 약 1.2m, 최대 약 1.7m / 송곳니 길이 평균 16.5mm
독성: LD$_{50}$ 0.75mg/kg
보전 상태: 멸종위기 정보 없음
사는 곳: 방글라데시, 부탄, 인도, 몰디브, 네팔, 파키스탄, 스리랑카

아시아

비늘은 가운데가 뚜렷하게 솟은 용골 비늘이에요.

🐸 콧구멍이 크고, 커다란 눈에 노란색과 금색이 어우러진 홍채가 매력적이에요.

살모사과에 속하는 독사입니다. 뱀의 이름은 인도에서 의사로 활동하면서 뱀을 연구한 스코틀랜드 외과의사이자 자연주의자인 러셀(Patrick Russell, 1727~1805년)의 이름에서 따왔습니다. 이 뱀은 최대 268밀리그램의 독이 있으며, 쥐 88만 211마리, 사람 22명을 죽음으로 몰아갈 수 있는 양입니다.

대부분 독사보다 날씬한 이 뱀은 머리가 납작하고 삼각형이라 목과 구별됩니다. 주둥이는 뭉툭하고 둥글며 약간 솟아 있습니다. 콧구멍이 크고, 눈은 커다랗고 노란색과 금색이 어우러진 홍채가 매력적입니다. 몸통이 튼튼하고 단면은 둥글며, 등 쪽은 비늘마다 가운데에 뚜렷하게 솟은 용골 비늘이라서 거칠고, 꼬리는 전체 몸길이의 약 14퍼센트를 차지할 정도로 짧습니다. 등 쪽은 진한 노란색, 황갈색 또는 갈색 바탕색에 몸길이를 따라 커다란 짙은 갈색 점들이 3줄 있습니다. 이 점들은 검은색 고리 무늬로 에워싸였으며, 검은색 고리 바깥쪽 테두리는 흰색 또는 노란색입니다.

▲ 몸길이를 따라 커다란 짙은 갈색 점들이 3줄 있어요.
◀ 혀를 내밀며 주변을 탐색하고 있어요.

    이 뱀은 대부분 탁 트인 곳 그리고 풀이 무성하거나 덤불이 많은 지역에서 발견되지만, 숲이 우거진 농장 따위에서도 발견됩니다. 이 뱀은 해안 저지대와 평야 그리고 언덕에서 자주 보이며, 습지와 늪처럼 습한 환경은 좋아하지 않습니다. 보통 높은 지역에서는 발견되지 않지만 2,300~3,000미터에서 발견되었다는 보고도 있습니다. 이 뱀이 가끔 도시와 사람들이 살고 있는 시골에서도 발견되는 것은 쥐(설치류)를 잡기 위해서입니다.

    땅에서 살며 주로 야행성이지만, 시원한 날에는 낮에 활동하기도 합니다. 위협을 받으면 S 자 형태에서 몸의 3분의 1을 들어 올리고 다른 뱀보다 더 큰 소리로 쉿쉿거립니다. 이 뱀은 정말 위험하다 싶으면 공격적으로 나서서 큰 개체를 들어 올릴 수 있을 만큼 엄청난 힘을 발휘한다고 합니다.

▲ 나무 틈새에 숨어 있는 새끼 뱀
▶ 송곳니는 보호용 점막 덮개로 둘러싸여 있으며, 쉴 때는 접혀 있어요.

또 이 뱀은 열을 감지하는 피트(fit) 기관은 없지만, 열 신호에 반응하는 독사류에 속합니다.

이 뱀은 난태생으로 번식합니다. 보통 짝짓기는 1월 초에 하며, 5월부터 11월까지 새끼들이 태어나지만 대부분 6월과 7월에 세상 밖으로 나옵니다. 한 번에 새끼 20~40마리가 태어나며, 최대 기록은 75마리라고 합니다.

어릴 때는 도마뱀을 좋아하고 다 자라서는 설치류를 즐겨 먹는다고 하며, 작은 파충류, 육지 게, 전갈을 비롯한 절지동물도 먹습니다. 이 뱀은 어린 시기에 같은 종을 잡아먹는 것으로 알려졌습니다.

중앙아메리카살모사 Terciopelo
Bothrops asper

몸길이 : 약 1.2~1.8m. 암컷이 수컷보다 덩치가 크며, 암컷의 최대 몸길이는 2.5m
독성 : LD_{50} 22mg/kg
보전 상태 : 멸종위기 정보 없음
사는 곳 : 멕시코 북동부, 남아메리카 북부

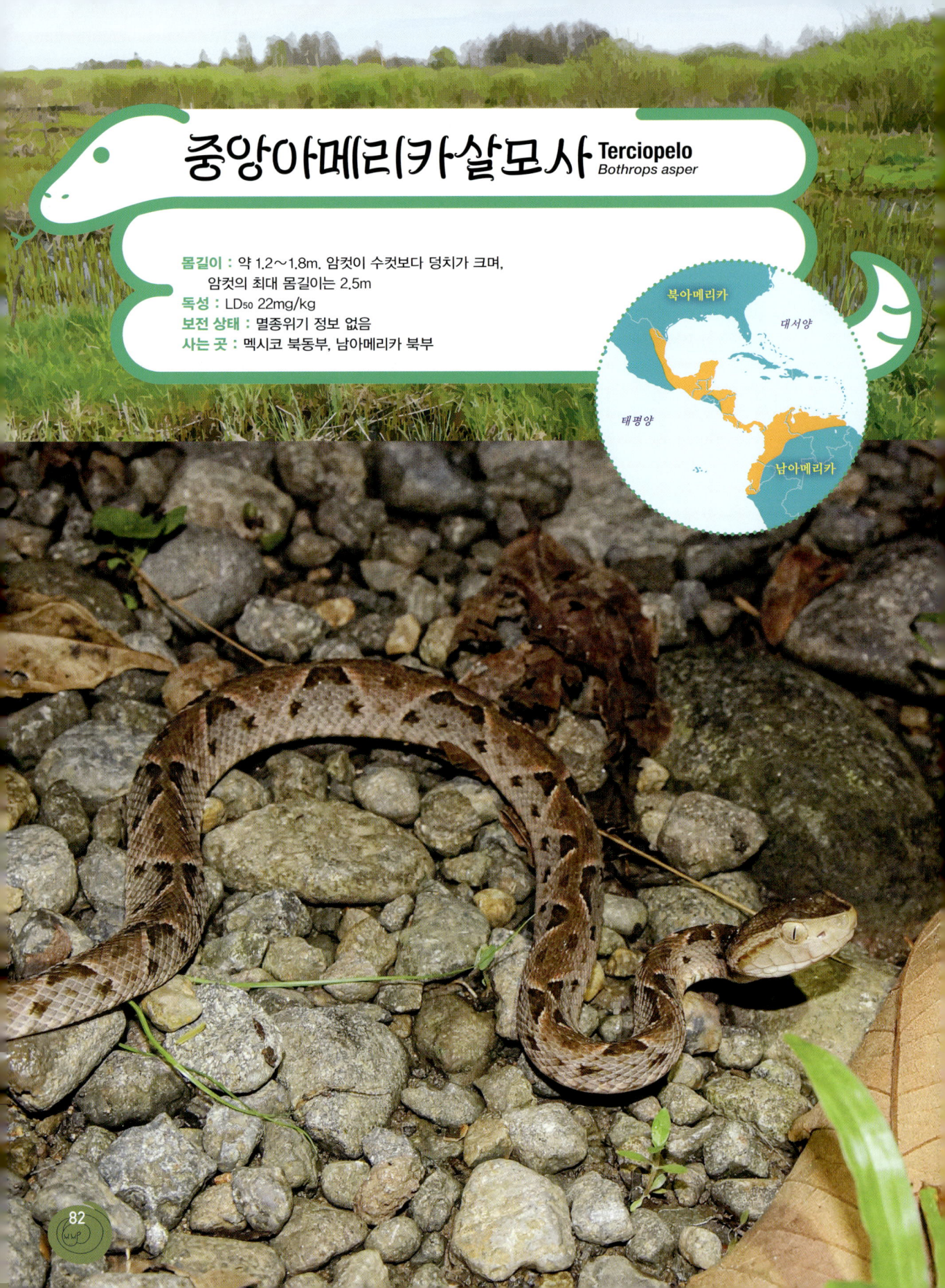

뱀의 이름 '테르시오펠로'는 에스파냐어로 곱고 짧은 털을 촘촘하고 도드라지게 짠 비단을 가리키는 벨벳(우단)을 뜻합니다. 가끔 사람이 사는 곳 근처의 드넓은 저지대에서 발견됩니다. 사람이 사는 곳과 활동 공간이 겹치는 이 뱀은 방어적인 기질이 더 강해 여느 뱀들보다 사람에게 더 위험합니다. 이 뱀이 지닌 독의 양은 1,530밀리그램으로 쥐 2만 4380마리, 사람 6명이 생명을 잃을 수 있다고 합니다.

유난히 머리가 넓고 평평하여 쉽게 구별할 수 있습니다. 이 뱀의 머리는 밝은 갈색이거나 검은색입니다. 보통 머리 부분에 무늬가 없어 밋밋하지만 때로는 얼룩무늬나 화살촉(창촉) 무늬가 뚜렷하거나 희미한 것에 이르기까지 다양합니다. 등과 배에 여러 무늬와 색깔을 띠고 있으며 배 쪽은 노란색, 옅은 노란색 또는 희끄무레한 회색이고 끝부분에 짙은 얼룩이 있습니다. 등 쪽은 초록빛을 띤 갈색, 회색, 밝은 갈색에서 짙은 갈색, 황갈색이며 때로는 거의 검은색에 가까운 색깔을 띠는 등 몸 색이 무척 다양합니다. 이 뱀은 축축한 곳을 좋아하지만, 건조한 지역에서 사는 뱀은 몸에 있는 수분이 빠져나가지 않게 비늘이 촘촘합니다.

암수는 같은 크기로 태어나지만 7~12개월이 되면 암컷이 수컷보다 훨씬 빠른 속도로 자라 암수의 크기 차이가 뚜렷해집니다. 암컷이 수컷보다 몸이 굵고 크며 머리도 두세 배가 더 큰 데다가 송곳니(보통 2.5cm)도 더 깁니다.

밤에 움직이고 혼자 지내는 이 뱀은 가끔 강과 개울 근처에서 보이기도 합니다. 낮에는 햇볕을 쬐거나 잎사귀 밑에 숨어 지내면서 밤을 기다립니다. 궁지에 몰리거나 위협받을 때 살모사 특유의 S 자 자세를 취합니다. 어린 개체는 나무에 올라가 지내기도 하며, 다 자라서도 때때로 덤불과 낮은 나무에서 만날 수 있습니다. 또 먹잇감을 사냥할 때는 꼬리 끝의 색깔을 다르게 하여 먹잇감을 끌어들이는 것으로 알려졌습니다. 암수 모두 이 행동을 보이며, 암컷의 꼬리 끝은 갈색이고 수컷의 꼬리 끝은 노란색을 띱니다. 매우 여러 종류의 동물을 잡아먹는 것으로 알려졌습니다.

난태생으로 번식하며, 사는 위치에 따라 번식 시기와 새끼 수가 다릅니다. 태평양 쪽의 짝짓기는 9~11월이며 암컷은 이듬해 4~6월에 평균 18마리의 새끼를 낳습니다. 반면, 대서양 쪽에서는 3월에 짝짓기를 하며 9~11월에 평균 41마리의 새끼를 낳습니다.

🐸 야행성이라 눈동자가 세로로 길쭉해요. 보통 머리에 무늬가 없지만, 화살촉(창촉) 무늬가 있는 개체도 있지요.

🐸 골리앗버드이터(Goliath birdeater)는 중앙아메리카살모사를 잡아먹는 것으로 알려진 거대한 타란툴라의 한 종이에요. 남아메리카 북부에서 발견되는 이 거미는 몸무게 약 175그램, 몸길이 최대 13센티미터, 다리 길이 최대 30센티미터로 세상에서 가장 큰 거미예요. 다리 길이로는 거대사냥꾼거미(Giant huntsman spider)에 이어 두 번째라고 해요.

가봉살모사 Gaboon viper
Bitis gabonica

- **몸길이** : 약 1.3~1.6m, 최대 2.05m
- **독성** : LD_{50} 12.5mg/kg
- **보전 상태** : 멸종위기 정보 없음
- **사는 곳** : 아프리카 중부와 서부의 여러 나라 (가봉, 카메룬, 콩고민주공화국 등등)

아프리카

두 눈 사이에 돋아 있는 돌기가 독특해요.

이 뱀의 이름은 아프리카 가봉에서 처음 발견되어 붙였다고 합니다. 아프리카의 사하라사막 남쪽 열대우림과 사바나에서 살아가는 독사로, 우리나라에서는 '가봉북살모사'라고도 합니다. 암수는 전체 몸길이에서 꼬리 길이의 비율로 구별합니다. 수컷은 꼬리가 전체 몸길이의 약 12퍼센트, 암컷은 6퍼센트이며, 암컷이 더 무겁고 튼튼합니다. 아프리카에서 몸무게가 가장 무거운 독사입니다. 예를 들면 검은맘바는 몸길이 2~3미터에 몸무게는 1.5~2킬로그램이지만, 가봉살모사의 암컷은 몸길이 1.7미터에 몸무게가 8.5킬로그램이라는 보고도 있습니다.

머리는 크고 삼각형이며, 목은 머리 너비의 약 3분의 1로 매우 좁습니다. 콧구멍 사이에 돌기가 한 쌍 있습니다. 송곳니 길이는 5.5센티미터로 독사 중에서 가장 길다고 합니다. 나무 아래 쌓인 낙엽과 똑같은 색으로 위장하는 것에 뛰어납니다.

이 뱀은 등줄기를 따라 옅은 갈색의 직사각형 무늬와 짙은 갈색에 노란색 테두리로 둘러싸인 모래시계 무늬가 이어진 것이 특징입니다. 배에는 모양이 고르지 않은 갈색

입을 벌리면 송곳니가 앞으로 나와 위턱과 직각을 이루어요. 이 뱀이 지닌 독의 양은 2,400밀리그램으로 쥐 2만 4000마리, 사람 6명을 죽음에 이르게 한다고 해요(왼쪽). 목에 비해 커다란 삼각형 머리, 등줄기를 따라 직사각형 무늬와 모래시계 무늬가 띠를 이루어 꼬리까지 이어지는 것이 특징이에요. 몸 색은 여러 가지이지요(오른쪽).

무늬 또는 검은색 얼룩이 희미하게 흩어져 있습니다. 머리는 흰색이거나 옅은 노란색이며, 가운데에 짙은 색의 가느다란 선이 있습니다. 머리 뒤쪽 각진 부분에 검은색 점, 두 눈 뒤와 그 아래로 푸른빛을 띤 검은색 삼각형이 있습니다. 홍채는 옅은 노란색, 황백색, 주황색이거나 은색입니다.

주로 밤에 움직이는 야행성이며, 여느 독사와는 다르게 S 자로 움직이지 않고 직선으로 느리게 움직입니다. 몸이 무거워 적당한 먹잇감이 지나갈 때까지 낙엽이나 수풀 속에 숨어서 꼼짝하지 않고 오랜 시간을 보냅니다. 위협을 받으면 큰 소리로 쉭쉭거리며 경고

1	2
3	

1 뛰어난 위장으로 주변 낙엽들과 뒤섞여 감쪽같이 숨어 있어요.
2 확대한 몸의 용골 비늘
3 커다란 송곳니로 먹잇감을 문 뒤 곧바로 삼키지요.

를 보내고, 숨을 쉴 때마다 머리가 약간 납작해집니다. 이 뱀은 크게 자극받지 않으면 공격하지 않지만, 자극을 받으면 매우 빠르게 공격하기 때문에 조심해야 합니다.

몸이 크고 무거워 다 자란 토끼 같은 큰 먹이를 먹는 데 문제가 없습니다. 사냥할 때 여느 독사들처럼 먹이를 물고 난 뒤 풀어 두고 독이 퍼진 먹잇감이 마비되거나 죽은 상태에서 삼키는 것이 아니라 큰 송곳니로 문 뒤 곧바로 삼킵니다.

보통 9~12월에 짝짓기합니다. 난태생으로 번식하며, 7개월 뒤에 몸길이 30센티미터인 새끼가 50~60마리 태어납니다.

톱비늘살모사 Saw-scaled viper
Echis carinatus

몸길이 : 약 0.38~0.8m, 보통 0.6m를 넘지 않음
독성 : LD_{50} 0.151mg/kg
보전 상태 : 멸종위기 정보 없음
사는 곳 : 서아시아, 남아시아 중앙아시아, 특히 인도아대륙

아시아
아프리카
인도양

머리에 흰색 '十' 자 무늬 또는 삼지창 무늬가 있어요.

🐸 야행성이라 눈동자가 세로로 길쭉해요.

🐍 '에키스(Echis)' 무리에 속하는 12종의 독사 중 하나로, 에키스는 독사(viper)를 뜻합니다. 에키스 무리의 뱀은 이라크, 이란, 인도, 스리랑카, 파키스탄 등 건조한 지역에서 주로 살아가며, 이 뱀은 아시아 고유종으로 서아시아, 남아시아, 중앙아시아, 특히 <u>인도아대륙</u>에서 발견됩니다.

에키스 무리는 몸의 비늘을 서로 문질러 지글거리는 소리를 내며 위협하는 것이 특징입니다. 널리 알려진 이름은 '톱비늘살모사(Saw-scaled viper)'이며, 아주 많은 뱀물림 사고와 죽음을 일으키는 종에 속합니다. 이 뱀이 지닌 독의 양은 약 72밀리그램으로 쥐 2만 3841마리, 사람 6명을 위험에 빠뜨린다고 합니다.

머리는 목과 뚜렷이 구별되며 주둥이는 매우 짧고 둥그스름합니다. 등 쪽은 용골 비늘이며, 몸 옆에는 톱니 모양의 용골 비늘이 있습니다. 몸 색은 옅은 누런색, 붉은색, 초록빛을 띤 갈색이거나 옅은 갈색입니다. 등줄기를 따라 짙은 갈색 테두리로 둘

🐸 낮에는 움직이지 않고 수풀 따위에 숨어 있어요(위).
몸은 흙 속에 파묻고 머리만 내밀고 있어요(아래).

러싼 희끄무레한 점들이 있으며, 그 옆으로 반원 모양의 흰색 줄무늬가 이어져 있습니다. 머리 꼭대기에는 흰색 '十' 자 무늬 또는 끝이 세 갈래로 갈라진 삼지창 무늬가 있고, 눈에서 턱까지 희미한 흰색 줄무늬가 있습니다. 희끄무레하거나 분홍빛이 도는 배에는 갈색 점들이 흩어져 있습니다.

이 뱀은 야행성이며, 낮에는 굴과 바위틈 그리고 썩은 통나무 등 다양한 곳에 숨어 있습니다. 모래가 많은 곳에서는 모래에 몸을 묻고 머리만 빼꼼히 내밀기도 합니다. 가끔 비가 내린 뒤나 습기가 많은 밤에 활발하게 움직입니다. 덤불이나 관목, 때로는 지상 2미터 높이까지 오르기도 하며, 비가 오면 어른 뱀의 약 80퍼센트가 덤불과 나무로 올라간

죽어 있는 뱀을 거저리류(Darkling beetle)의 곤충이 먹어 치워 주변을 깨끗하게 하지요(위). 비늘은 가운데가 볼록 솟아 있는 용골 모양이에요(아래).

다고 합니다. 약 20마리가 한 나무에 모여 있는 것이 관찰되기도 했습니다.

이 뱀은 주로 모래가 많은 곳에서는 마치 용수철이 약간 옆으로 굴러가는 모양과 비슷하게 사이드와인딩(sidewinding) 동작으로 이동합니다. 이 동작은 뜨거운 모래와 몸이 맞닿는 것을 줄이는 장점이 있다고 합니다. 이 뱀은 난태생으로 번식하며, 인도 북부에서는 겨울에 짝짓기한 뒤 이듬해 4월부터 8월 사이에 몸길이 11~15센티미터인 새끼가 3~15마리 태어납니다. 많게는 23마리가 태어난 기록도 있습니다.

우리나라의 독사

살모사
Short-tailed pit viper, 학명 *Gloydius brevicaudus*

　머리는 삼각형으로 넓고, 꼬리는 짧아 다부져 보입니다. 수컷의 몸길이는 최대 71센티미터에 꼬리는 9센티미터, 암컷은 69센티미터에 꼬리는 8.2센티미터입니다. 몸 색은 옅은 갈색 또는 회색이며, 등줄기를 따라 23~36쌍의 얼룩얼룩한 점이 양쪽에서 마주 보거나 번갈아 나타납니다. 이 점은 타원형이고 색은 갈색이며 가운데는 옅은 갈색, 테두리는 짙은 갈색입니다. 꼬리 끝은 노란색입니다.

쇠살모사
Ussuri pit viper 또는 Ussuri mamushi, 학명 *Gloydius ussuriensis*

　살모사와 비슷하게 생겼지만 몸통이 가늘고 혀가 붉으며 꼬리 끝이 검은색을 띠고 있습니다. 수컷의 몸길이는 37~63센티미터, 꼬리 길이는 몸길이의 12~17퍼센트입니다. 암컷의 몸길이는 41~64.7센티미터, 꼬리 길이는 12~15퍼센트입니다.

까치살모사

Amur viper 또는 Rock mamushi,
학명 *Gloydius saxatilis*

우리나라 살모사 가운데 제일 큰 종입니다. 머리 위에 V 자 모양의 무늬가 있으며, 산속이나 개울, 숲에서 발견됩니다. 몸길이는 약 80~100센티미터입니다.

유혈목이

Tiger keelback snake, 학명 *Rhabdophis tigrinus*

'꽃뱀'이라고도 불리는 이 뱀은 독이 없다고 알려졌지만 1984년에 독이 있음이 밝혀졌습니다. 워낙 온순한 뱀이라 크게 신경 쓰이지 않지만 독이 있으니 조심해야 합니다. 좋아하는 먹이는 개구리입니다. 때로는 독이 있는 두꺼비도 먹는 것으로 알려졌으며 미꾸라지나 물고기도 먹습니다. 몸 색은 초록빛을 띤 갈색이며, 목부터 몸의 3분의 1까지 밝은 주황색 무늬가 흩어져 있습니다. 몸길이는 약 60~100센티미터입니다.

두 번째 이야기

세상에서 가장 큰 뱀

녹색아나콘다 / 황색아나콘다 / 보아뱀 / 버마비단뱀 /
아프리카바위비단뱀 / 인도비단뱀 / 그물무늬비단뱀 /
파푸아비단뱀 / 자수정비단뱀

녹색아나콘다 Green anaconda
Eunectes murinus

몸길이 : 최대 5.21m, 암컷이 수컷보다 덩치가 큼 / 몸무게 30~70kg
독 유무 : 없음
보전 상태 : 멸종위기 정보 없음
사는 곳 : 남아메리카, 카리브해의 트리니다드섬

남아메리카

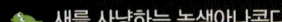 새를 사냥하는 녹색아나콘다

육지에서는 움직임이 둔하지만 물에서는 조용하고도 빠르게 움직여요.

'거대아나콘다(Giant anaconda)', '아나콘다', '물보아(Water boa)' 또는 '수쿠리(Sucuri)'로도 알려진 이 뱀은 남아메리카에서 발견되는 보아종('보아'는 큰 뱀을 가리키는 고대 라틴어에서 비롯되었어요. 아나콘다는 먹이를 감아 조이는 큰 뱀이라는 뜻이지요)입니다. 세상에서 아주 무겁고 몸이 긴 뱀 중에 속합니다.

모든 보아종과 마찬가지로 독이 없습니다. 굵은 몸으로 먹잇감을 칭칭 감아 죽인 뒤에 삼킵니다. 통째로 삼킨 먹이를 완전히 소화하는 데 며칠 또는 몇 주가 걸리기도 합니다. 어마어마한 크기와 휘감는 힘이 무척 세지만 사람에게는 위험하지 않습니다.

알을 낳는 비단뱀 종류와는 달리, 알이 어미 몸속에서 부화하여 태어나는 난태생입니다. 몸 색은 초록빛을 띤 갈색이며, 몸의 길이를 따라 검은색 점들이 있습니다. 머리는 몸에 비해 좁으며 보통 양쪽에 뚜렷한 주황색-노란색 줄무늬가 있습니다.

주로 늪, 습지나 물의 흐름이 느린 탁한 개울에서 살아갑니다. 육지에서는 움직임이 둔하지만 물에서는 겉으로 드러나지 않게 조용하면서도 빠르게 움직입니다. 밤에 활

▲ 눈과 코가 머리 위에 있어 몸을 드러내지 않고도 물속에서 헤엄치며 먹잇감을 찾을 수 있어요.

▶ 비늘이 매끄러워요.

동하는 야행성이며 대부분의 시간을 물속이나 물가에서 보냅니다. 먹이는 주로 수생 생물이며, 새나 여러 포유류와 파충류를 포함하여 거의 모든 것을 잡아먹습니다. 특히 큰 뱀은 사슴, 카이만과 같은 큰 먹이를 먹기도 하지만 자주 사냥하는 것은 아닙니다. 어린 아나콘다는 몸무게가 40~70그램인 작은 새와 어린 카이만 따위를 먹지만 성장함에 따라 먹이 종류가 다양해집니다.

아나콘다가 사람을 잡아먹는다는 이야기도 있지만 이 이야기를 뒷받침하는 증거는 거의 없습니다. 하지만 암컷이 수컷을 잡아먹는다는 기록이 있습니다. 이에 대한 정확한 이유는 밝혀지지 않았지만, 암컷 아나콘다가 짝짓기한 뒤 오랫동안 몸속에 알을 품고 있으려면 영양분을 섭취해야 하기 때문이라고 추측하기도 합니다.

암컷은 6~7개월 뒤 새끼를 20~40마리 낳으며, 최대 100마리까지 낳는다고 합니다. 갓 태어난 새끼의 몸길이는 보통 70~80센티미터입니다. 크기가 작은 새끼는 다른 동물의 먹이가 되기도 합니다. 어른이 될 때까지는 빠르게 성장하고, 그 뒤로는 느리게 성장합니다.

황색아나콘다 Yellow anaconda
Eunectes notaeus

- **몸길이** : 3.3~4.4m, 암컷이 수컷보다 덩치가 큼
  몸무게 25~35kg
- **독 유무** : 없음
- **보전 상태** : 멸종위기 정보 없음
- **사는 곳** : 볼리비아, 파라과이, 브라질 서부의 판타날에서 아르헨티나 북동부와 우루과이 북부까지 파라과이강 일대

남아메리카

보통 노란색 바탕에 갈색이나 검은색 줄무늬, 안장 무늬 따위가 어우러져 매력적이에요. 비늘이 매끄러워요.

'파라과이아나콘다(Paraguayan anaconda)'로도 알려진 남아메리카 남부의 고유한 보아종입니다. 가까운 친척인 녹색아나콘다보다는 작습니다. 노란색, 누런빛을 띤 갈색 또는 녹색, 노란색 몸 바탕에 검은색 또는 짙은 갈색의 안장 무늬, 얼룩무늬와 줄무늬가 어우러져 있습니다. 습지와 늪, 덤불로 뒤덮인 물 흐름이 느린 강과 개울 둑을 포함하여 물이 있는 곳을 좋아합니다.

주로 습지에서 6~11월에 먹이 활동을 하며, 숨어 있다가 먹이를 사냥하거나 넓은 지역을 이동하며 사냥하기도 합니다. 먹잇감으로는 포유류, 새와 새 알, 파충류, 양서류, 어류 등이 있습니다. 큰 뱀은 사슴이나 세상에서 가장 큰 설치류인 카피바라(Capybara), 돼지와 비슷하게 생긴 페커리(Peccary) 같은 큰 동물을 잡아먹기도 합니다. 이 뱀은 동족을 잡아먹기도 하지만 얼마나 자주 그런 일이 벌어지는지 확실하지 않습니다.

이 뱀의 천적은 거의 없지만, 어린 개체는 카이만과 재규어 그리고 맹금류에게 잡아먹히기도 하며, 이 뱀의 가죽으로 지갑이나 신발 같은 제품을 만들려는 사람들에게 사냥되기도 합니다.

난태생으로 번식하며, 해마다 4~5월에 암컷은 짝짓기를 하려고 수컷을 끌어들이는 호르몬인 페로몬을 공기 중에 내뿜습니다. 암컷은 6개월 동안 몸속에서 알을 품은 뒤 몸길이가 약 60센티미터인 새끼를 4~82마리 낳습니다.

보아뱀
Boa constrictor

- **몸길이** : 2.1~3.0m(암컷), 1.8~2.4m(수컷)
- **독 유무** : 없음
- **보전 상태** : 멸종위기
- **사는 곳** : 남아메리카(콜롬비아, 에콰도르, 페루, 베네수엘라, 브라질, 볼리비아, 우루과이, 아르헨티나 등)

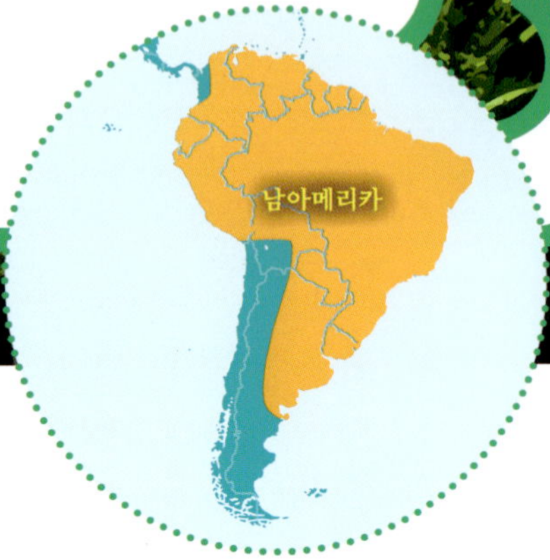

남아메리카

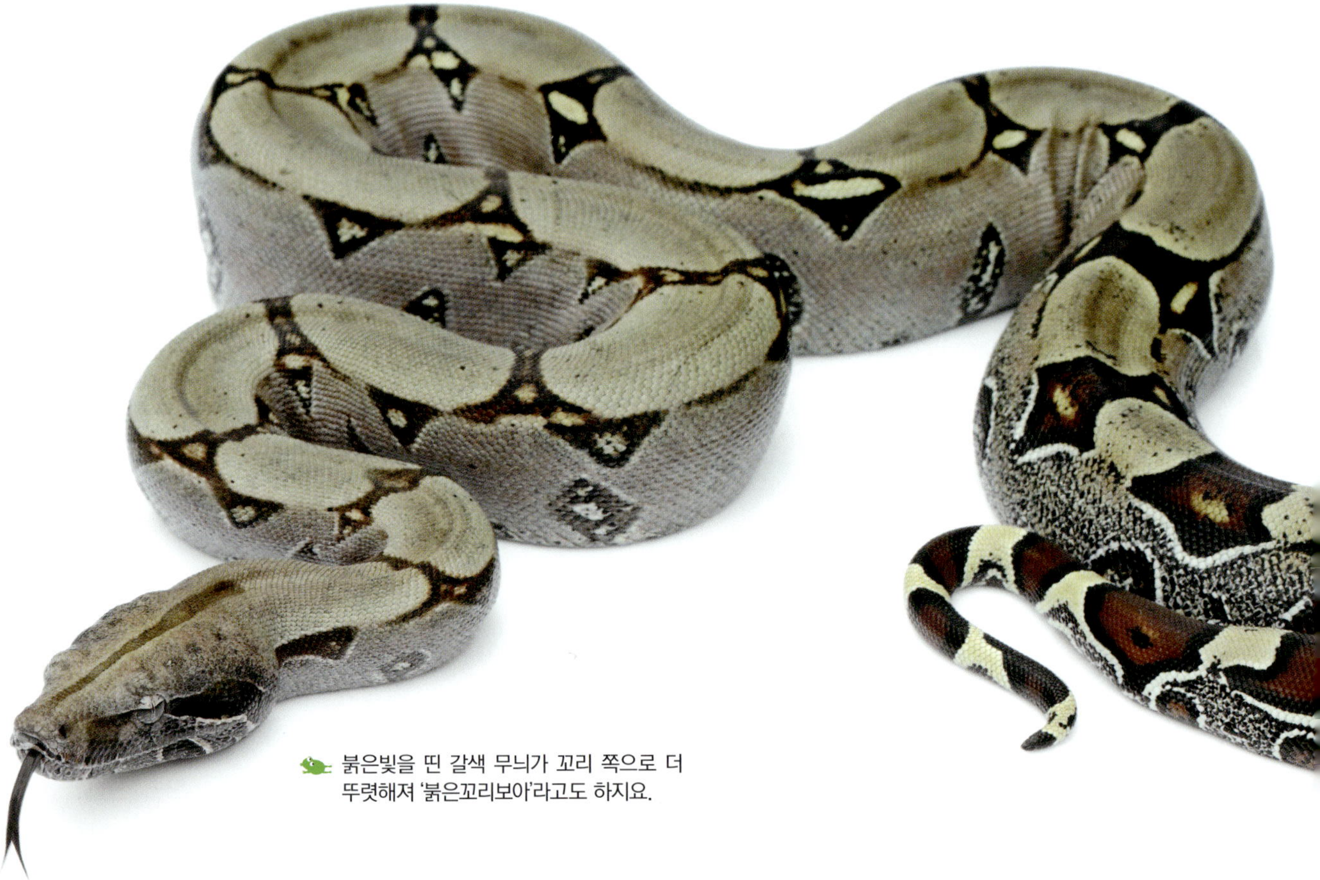

🐸 붉은빛을 띤 갈색 무늬가 꼬리 쪽으로 더 뚜렷해져 '붉은꼬리보아'라고도 하지요.

'붉은꼬리보아(Red-tailed boa)' 또는 '보아(Common boa)'라고도 불리는 보아뱀은 애완동물로도 많이 키우며, 몸이 굵고 무겁습니다. 보통 4종의 아종이 있는 것으로 알려졌습니다. 보아(boa)는 '큰 뱀'을 뜻하는 라틴어에서 비롯된 이름이며, '콘스트릭터(constrictor)'는 '먹이를 감아 죽이는 뱀'이라는 뜻입니다.

이 뱀의 몸 색은 지역에 따라 크게 다르지만, 보통 갈색, 회색 또는 옅은 노란색이며, 갈색 또는 붉은빛을 띤 갈색 무늬가 꼬리 쪽으로 더 뚜렷해져 '붉은꼬리보아'라고도 부릅니다. 몸 색은 야생의 밀림에서 눈에 띄지 않고 몸을 숨기기에 매우 유리합니다. 이 뱀의 머리에는 매우 독특한 줄무늬가 있습니다. 여느 보아종에서 보이는 열 감지 기관인 피트는 없지만 입술 세포로 열을 감지할 수 있습니다.

이 뱀은 열대우림에서부터 사막보다는 강수량이 조금 많은 반사막 지역에 이르기까지 다양한 환경에서 살 수 있지만, 대체로 열대우림에서 사는 것을 좋아합니다. 매우 헤엄을 잘 치며, 강과 개울에서 만날 수 있습니다. 포식자의 눈을 피해 중간 크기의 포유류 굴에서 숨어 지냅니다.

이 뱀은 혼자 지내는 것을 좋아하며, 밤에 움직이는 야행성입니다. 기온이 낮을 때에는 낮에 햇볕을 쬐려고 밖으로 나오기도 하며, 나무에 올라가 지내기도 합니다. 어린 보아뱀은 나무에 기어 올라가 지내다가 자라면서 몸이 무거워지면 주로 땅에서 생활합니다.

먹이는 중간이나 작은 포유류와 새를 사냥하며, 대부분 설치류와 큰 도마뱀, 원숭이, 멧돼지 따위를 먹습니다. 몰래 숨어서 기회를 엿보며 먹잇감이 다가올 때까지 기다린 다음 공격합니다. 하지만 먹이가 충분하지 않은 지역에서는 밤에 활발하게 사냥하는 것으로 알려졌습니다. 먹이 크기와 기온에 따라 음식을 완전히 소화하는 데 약 4~6일이 걸립니다. 신진대사가 느린 뱀은 일주일에서 몇 달 동안 먹지 않아도 버틸 수 있습니다.

보통 건기(4~8월)에 난태생으로 번식하며, 수컷은 여러 암컷과 짝짓기를 합니다. 암컷은 최대 1년 동안 수컷의 정자를 몸속에 저장할 수 있으며, 수정이 되면 마치 먹이를 먹은 듯이 몸이 부어오름을 알 수 있습니다. 약 100~120일이 지나 어미 몸에서 부화된 새끼들이 세상 밖으로 나오며, 이때 새끼의 몸길이는 38~51센티미터에 보통 10~65마리입니다. 그물무늬비단뱀 다음으로 가죽을 얻기 위해 사람들이 많이 사냥하는 뱀입니다.

머리에 독특한 줄무늬가 있어요.

🐸 자라면서 몸이 무거워지면 땅에서 생활해요.

🐸 검은색이나 갈색 색소인 멜라닌이 부족한 백색증(알비노)을 앓는 보아뱀이에요. 꼬리 쪽에 붉은색이 뚜렷해요.

보아뱀 107

버마비단뱀 Burmese python
Python bivittatus

몸길이: 약 5m. 암컷이 수컷보다 덩치가 큼
독 유무: 없음
보전 상태: 멸종위기 취약
사는 곳: 동남아시아(미얀마, 태국, 라오스, 캄보디아, 인도네시아, 중국 남부 등)

아시아

파이선(python, 또는 피톤)은 그리스 신화에서 태양·음악·예언·궁술의 신인 아폴론(아폴로)이 활로 쏘아 죽인 델포이(고대 그리스에서 신성하게 여기던 곳)의 거대한 뱀에서 따온 이름이며, 몸에 얼룩무늬가 있고 혀가 길게 갈라진 독이 없는 뱀을 가리킵니다. 현재 7~13종이 있는 것으로 알려졌습니다. 우리말 이름 '비단뱀'은 한자어 '금사(비단 또는 화려할 금錦, 뱀 사蛇)'에서 비롯되었다고 합니다.

버마비단뱀은 몸에 검은색 테두리가 있는 갈색의 얼룩무늬가 많습니다. 2009년까지 인도비단뱀(Indian python, 학명 *Python molurus*, 버마비단뱀보다 밝은색이며 보통 몸길이가 3미터에 이릅니다)의 아종으로 분류되었지만, 지금은 서로 다른 종으로 분류되어 있습니다.

가끔 열대우림의 습지와 늪 근처에서 발견되며 때로는 나무에서도 볼 수 있습니다. 이 뱀은 밤에 움직이는 야행성이며, 어렸을 때는 땅과 나무에서 지내지만 몸집이 커지면 땅에서 생활합니다. 주로 혼자 지내다가 짝짓기 시기에는 암수가 함께 보입니다. 이른 봄에 번식하며 암컷은 3월이나 4월에 알을 12~36개 낳습니다. 알이 부화할 때까지 품고 있으며, 알 주변의 온도를 높이려고 알을 감싸면서 몸을 꿈틀거리기도 합니다.

새와 포유류 그리고 양서류와 파충류를 즐겨 먹습니다. 사냥에 나서기보다는 먹잇감이 다가올 때까지 기다린 다음 재빠르게 공격합니다. 날카로운 이빨로 먹잇감을 잡아 몸으로 칭칭 감아 조여서 죽인 뒤 먹이를 한꺼번에 삼킵니다. 쥐를 즐겨 먹어 사람들이 사는 곳 근처에서 발견되기도 합니다. 이 뱀은 보통 한두 달에 먹이를 먹지만, 18개월 동안 아무것도 먹지 않고도 버틸 수 있습니다. 먹잇감을 먹은 뒤 배설하기까지 8~14일이 걸린다고 합니다.

이 뱀은 몸의 무늬와 색깔이 아름답고, 성질이 온순하여 애완동물로 인기가 많습니다. 성장 속도가 빨라 어린 새끼를 적절하게 돌보면서 먹이를 잘 챙겨 주면 1년 만에 몸길이가 2.1미터를 훌쩍 넘기기도 합니다. 4년이 되면 성체 크기에 이르지만 이후로는 매우 느리게 성장하며, 20년 넘게 살 수 있습니다. 성질이 순하다고들 하지만 매우 강력한 동물입니다. 무는 힘이 매우 강하고 심지어 몸통으로 감아 질식시킬 수도 있습니다.

30분 동안 물속에 머물 만큼 헤엄을 잘 치지만 주로 땅에서 지내요.

🐸 알비노(albino, 백색증 또는 백변종)를 앓는 버마비단뱀이에요. 알비노란 태어날 때부터 검은색이나 갈색 색소(멜라닌)가 부족하거나 없는 개체예요. 피부와 털이 하얗고, 눈동자는 홍채에 색소가 없어서 망막의 혈관이 그대로 드러나 분홍색이나 붉은색을 띠지요. 백색증을 앓는 동물은 오래 살 수 없다고 해요. 멜라닌 색소가 없어 자외선에 약하고 포식자를 피할 수 있는 보호색을 띠지 않기 때문이지요.

아프리카바위비단뱀 African rock python
Python sebae

몸길이 : 3~3.53m, 최대 약 6m / 몸무게 약 55~65kg
독 유무 : 없음
보전 상태 : 멸종위기 정보 없음
사는 곳 : 녹색 북부아프리카바위비단뱀
　　　　　 주황 남부아프리카바위비단뱀
　　　　　 노랑 잡종

아프리카

아프리카바위비단뱀의 특징인 머리 위에 창 무늬가 있으며, 북부 아종의 특징인 눈 아래 삼각형의 무늬가 있어요.

남부아프리카비단뱀은 눈 아래 무늬가 북부 아종보다 희미하거나 없어요.

사하라사막 남쪽 아프리카에 사는 가장 큰 뱀이며, 2종의 아종이 있습니다. '북부아프리카바위비단뱀(Northern African rock python, 학명 *Python sebae sebae*)'은 중부와 서부 아프리카에서 발견되고, '남부아프리카바위비단뱀(Southern African rock python, 학명 *Python sebae natalensis*)'은 남부 아프리카에서 발견됩니다. 북부 아종은 '아프리카바위비단뱀(African rock python)' 또는 '바위비단뱀(Rock python)'으로, 남부 아종은 남아프리카공화국의 지역 '나탈'의 이름을 따서 때때로 '나탈바위비단뱀(Natal rock python)' 또는 '아프리카비단뱀(African python)'이라고도 불립니다.

아프리카바위비단뱀의 몸이 굵고 얼룩무늬로 덮여 있으며, 넓고 불규칙한 줄무늬가 연결되어 있습니다. 몸은 갈색, 초록빛을 띤 갈색, 밤색, 노란색으로 다양하지만 배는 흰색입니다. 머리는 삼각형이며, 위에 누런빛을 띤 갈색 윤곽선을 따라 진한 갈색 '창' 무늬가 있습니다. 눈 아래에는 옅은 갈색의 삼각형 무늬가 있습니다. 이빨은 날카롭고

▲ 아프리카바위비단뱀이 낙엽 밑에 숨어 있다가 버빗원숭이(Vervet monkey)를 사냥했어요.
◀ 뱀이 때때로 표범, 사자, 치타이 새끼를 먹기도 하지만 그런 일은 매우 드물어요. 큰 개체의 표범 등이 뱀을 쉽게 죽이거나 공격을 막을 수 있기 때문이지요.

안쪽으로 구부러져 있습니다.

북부 아종은 눈 아래 표시가 뚜렷하고, 남부 아종은 작거나 없는 것으로 북부와 남부 아종을 구별합니다. 또한 남부 아종은 일반적으로 북부 아종보다 작습니다. 모든 비단뱀과 마찬가지로 비늘이 작고 매끄럽습니다. 입술 주변에는 열 감지 기관인 피트가 있어 어둠 속에서도 먹이를 감지할 수 있습니다.

이 뱀은 강 근처나 숲에서 사막에 이르기까지 다양한 곳에서 발견됩니다. 커다란 설치류, 원숭이, 멧돼지, 영양을 사냥하여 몸통으로 휘감아 잡아먹고, 때로는 악어까지도 먹습니다. 가장 큰 먹이는 4.9미터의 아프리카바위비단뱀이 59킬로그램의 임팔라를 먹은 기록입니다.

난생으로 번식하는 이 뱀은 봄에 짝짓기를 한 뒤 오래된 굴 등에 딱딱하고 길쭉한

1	2
3	

1 암컷이 알을 품고 있어요.
2 알을 깨고 얼굴을 내미는 새끼 뱀
3 마침내 세상 밖으로 나온 새끼 뱀

알을 20~100개 낳습니다. 암컷은 약 90일 뒤 알들이 부화할 때까지 알들을 감싸면서 포식자에게서 보호합니다. 특히 암컷은 알에서 깨어난 새끼들을 최대 2주일 동안 포식자에게서 보호하는 것으로 알려졌습니다. 갓 깨어난 새끼의 몸길이는 45~60센티미터로 거의 부모와 생김새가 같지만 몸 색이 더 뚜렷합니다.

이 뱀은 애완동물로 사람들이 수집하지만 크기가 크고 성질을 예측할 수 없어 애완동물로는 적합하지 않다고 합니다. 사하라사막 이남 아프리카의 일부 문화권에서는 이 뱀을 먹는데, 이 때문에 비단뱀 매개 동물성 질병 감염 위험에 노출되어 있습니다.

인도비단뱀 Indian python
Python molurus

몸길이 : 약 3m
독 유무 : 없음
보전 상태 : 멸종위기 정보 없음
사는 곳 : 인도, 파키스탄, 방글라데시, 네팔, 부탄, 스리랑카

아시아
인도양

🐸 움직임이 느리고, 겁이 많아 공격을 받아도 맞서지 않아요.

인도아대륙과 동남아시아의 열대와 아열대 지역에 살아가는 뱀입니다. 보통 '검은꼬리비단뱀(black-tailed python)', '인도바위비단뱀(Indian rock python)', '아시아바위비단뱀(Asian rock python)'으로도 부릅니다.

버마비단뱀보다 작지만 몸 색은 더 밝은색을 띱니다. 지형과 사는 곳에 따라 몸 색은 흰색 또는 노란색을 띠며, 황갈색에서 짙은 갈색까지 다양한 얼룩무늬가 있습니다. 초원, 늪, 습지, 바위가 많은 산기슭, 삼림지대, 열린 숲과 강 계곡을 포함한 여러 곳에서 살고 있으며, 주변에 물이 있어야 합니다. 버려진 포유류 굴, 속이 빈 나무, 울창한 갈대, 맹그로브 덤불에서 숨어 지냅니다.

느리게 움직이며, 겁이 많아 공격을 받아도 맞서지 않습니다. 몸을 직선으로 움직이면서 옮겨 다니고, 헤엄을 잘 치며 때에 따라 몇 분 동안 물속에서 잠수도 하지만 강둑 근처에 있는 것을 좋아합니다. 포유류, 새, 파충류를 가리지 않고 먹지만 포유류를

🐸 머리는 긴 삼각형에 주둥이가 뭉툭해요. 눈은 조금 작고 눈동자는 세로로 길쭉하지요.

좋아하는 것으로 알려졌습니다. 큰 먹이를 먹은 뒤 몇 주 동안 아무것도 먹지 않고도 버티며, 가장 긴 기간은 2년이라고 합니다. 모든 뱀과 마찬가지로 위아래 턱뼈가 연결되어 있지 않아 큰 먹이를 거뜬히 삼킬 수 있고, 이빨이 안쪽으로 구부러져 있어 먹이가 입속에서 빠져나갈 수 없습니다.

암컷은 알을 많게는 100개까지 낳고 알들이 깨어날 때까지 보호합니다. 갓 태어난 새끼는 몸길이가 45~60센티미터이며, 이후로 빠르게 자랍니다.

1 물속에서 편안하게 헤엄치고 있어요.
2 긴 타원형의 알
3 백색증의 인도비단뱀 비늘

그물무늬비단뱀 Reticulated python
Malayopython reticulatus

- **몸길이**: 1.5~6.5m, 최대 7m의 기록도 있음
  몸무게 최대 75kg
- **독 유무** : 없음
- **보전 상태** : 멸종위기 관심 필요
- **사는 곳** : 남아시아 및 동남아시아

▲ 보통 이 뱀은 몸길이의 4분의 1 크기의 먹이를 삼킬 수 있다고 해요. 완전히 자란 뱀은 사람을 삼킬 수 있을 만큼 턱을 벌릴 수 있으며, 사람을 잡아먹는 몇 안 되는 뱀 중 하나예요.

▶ 이름처럼 몸에 그물무늬가 있어요.

이 뱀은 남아시아와 동남아시아에서 살며 3종의 아종이 있습니다. 몸 무늬와 색깔이 그물처럼 복잡한 형태를 띠어서 붙인 이름입니다. 동물원에서는 이 뱀의 몸 무늬와 색깔이 화려하게 보일 수 있지만, 낙엽이 많고 그늘진 밀림 환경에서는 화려함이 사라지기도 합니다. 포식자에게서 자신을 보호하고, 때로는 먹이를 잡기 위한 위장이 필요하기 때문입니다.

이 뱀은 세상에서 가장 긴 뱀이며, 그린아나콘다와 버마비단뱀에 이어서 세 번째로 무겁다고 합니다. 덩치가 크고 힘도 세며 공격적이라 몸길이나 몸무게를 자연 상태에서 측정하기 어렵고, 발견자에 따라 정보가 많이 부풀려 있습니다. 미국 미주리주 캔자스시티에서 사육된 '메두사(Medusa)'라는 그물무늬비단뱀은 가장 오래 산 뱀으로 2011년 〈기네스북〉에 올랐으며, 몸길이 7.67미터, 몸무게 158.8킬로그램인 것으로 보고되었습니다.

🐸 머리 가운데에 검은색 줄과 붉은색 홍채가 강한 인상을 풍겨요.

　모든 비단뱀과 마찬가지로 그물무늬비단뱀은 수풀 속에 몰래 숨어 있다가 먹잇감이 사냥하기에 좋은 위치로 들어올 때까지 기다렸다가 사냥합니다. 주로 포유류를 먹으며 때때로 새를 사냥하기도 합니다. 몸길이 3~4미터로 자란 개체는 쥐와 같은 설치류를 먹지만, 더 큰 개체는 작은 인도사향고양이와 원숭이, 돼지 등을 먹기도 합니다. 사람이 사는 곳 근처에서 때때로 닭, 고양이, 개를 낚아채어 잡아먹는 것으로 알려졌습니다. 가장 큰 먹이로는, 소화하는 데 약 10주가 걸린 23킬로그램의 굶주린 곰이라

🐸 그물무늬비단뱀은 헤엄을 잘 쳐요(위). 백색증(알비노) 그물무늬비단뱀은 애완동물 시장에서 인기가 높다고 해요(아래).

고 기록되었으며, 사람을 삼킨 기록도 여럿 있습니다.

　난생으로 번식하며, 암컷은 한 번에 알을 15~80개 낳습니다. 알이 부화하는 데 평균 88일이 걸리며, 갓 깨어난 새끼의 몸길이는 최소 61센티미터입니다. 그물무늬비단뱀은 비늘이 아름다워 사람들이 가죽이나 애완동물로 판매하려고 마구잡이로 사냥하고 있습니다.

파푸아비단뱀 Papuan python
Apodora papuana

몸길이 : 최대 약 5m / 몸무게 약 22.5kg 이하
독 유무 : 없음
보전 상태 : 멸종위기 관심 필요
사는 곳 : 뉴기니섬

인도네시아 파푸아뉴기니

이 뱀은 뉴기니(New Guinea) 섬에서 발견됩니다. 뉴기니섬은 인도네시아어로 일출이나 동쪽을 뜻하는 '이리안(Irian)'섬이라고도 하며, 그린란드(Greenland) 다음으로 세계에서 두 번째로 큰 섬입니다. 섬의 동쪽 절반은 파푸아뉴기니 독립국이고, 서쪽은 서부 뉴기니 또는 서부 파푸아로 알려진 인도네시아의 일부입니다. '이리안비단뱀(Irian python)' 또는 '파푸아올리브비단뱀(Papuan olive python)'으로도 알려졌습니다.

여느 비단뱀에 비해 몸은 무겁지 않습니다. 정확한 원리와 이유는 완전히 밝혀지지는 않았지만 몸 색을 바꿀 수 있는 능력으로 유명합니다. 뱀이 자극을 받아 흥분하면 몸 색이 검은색이나 밝은 황갈색(겨자색) 등으로 바뀝니다. 보통 어릴 때는 산뜻한 초록빛을 띤 갈색이고 자랄수록 어두운 초록빛을 띤 갈색입니다. 몸 옆쪽과 아래쪽은 흰색이거나 연한 노란색을 띤 밝은색입니다.

어릴 때는 초록빛을 띤 갈색이며, 나이가 들면 더 진한 색으로 바뀌고 옆구리와 아랫부분이 경계를 이루듯 밝은색을 띠어요.

대체로 외딴 열대우림이나 초원의 땅에서 생활하며, 대부분 야행성으로 입 주변에 열을 감지하는 기관인 피트가 있습니다. 몸통이 굵고 힘이 세며, 자극받거나 위협받지 않으면 사람을 공격하지 않습니다. 주변 색과 비슷하게 위장을 하여 먹잇감이 다가오면 재빨리 이빨로 움켜잡은 뒤 몸통으로 휘감아 조여서 잡아먹습니다. 설치류와 새 그리고 중간 크기의 포유류도 사냥합니다.

자수정비단뱀 Amethystine python
Simalia amethistina

몸길이 : 약 2~4m, 최대 6m이며 암컷이 덩치가 큼
독 유무 : 없음
보전 상태 : 멸종위기 관심 필요
사는 곳 : 인도네시아와 파푸아뉴기니, 호주 북부

🐍 머리 위의 커다란 비늘이 마치 두개골이 튀어나온 것처럼 보이고, 눈에서 입술까지 이어지는 검은색 세로줄 무늬가 있어요(왼쪽). 옅은 노란색을 띤 자수정비단뱀이에요(오른쪽).

🐍 인도네시아에서 '스크럽비단뱀(Scrub python)'이라고도 하는 이 뱀은 파충류를 좋아하는 사람들 사이에서 아름다운 몸 색으로 인기가 많아요. 호주와 파푸아뉴기니에서 가장 큰 뱀이자 아주 오래전부터 살고 있는 토종 뱀입니다. 이 뱀은 지역에 따라 몸 색이 다르지만, 대부분 옅은 노란색, 누런빛을 띤 갈색에서 초록빛을 띤 갈색을 띠며, 매끄러운 비늘이 햇빛을 받으면 푸른빛을 띠거나 보라색을 띤 무지갯빛으로 반짝이는 것이 자수정과 같다고 해서 붙인 이름입니다.

인도네시아에서는 주로 열대우림, 파푸아뉴기니에서는 숲과 도시 주변 지역에서 발견됩니다. 이 뱀은 물이 깨끗하고 따뜻한 개울이나 강가를 좋아합니다. 특히 호주 북부와 파푸아뉴기니에서는 주로 작은 나무로 이루어진 관목지에서 삽니다. 새를 비롯해 박쥐, 쥐 그리고 작은 포유류를 사냥합니다. 큰 개체는 개울과 강둑 옆에서 숨어 있다가 물을 찾는 캥거루과의 왈라비(Wallaby) 같은 동물들을 잡아먹기도 합니다.

이 뱀은 난생으로 번식합니다. 암컷은 한 번에 알을 최대 21개까지 낳으며, 3개월 동안 알을 몸으로 휘감아 품습니다. 알에서 갓 깨어난 새끼의 몸길이는 61~66센티미터입니다.

찾아보기 (뱀과 관련한 주요 신체 기관과 각 개체를 소개한 대표 쪽수를 기준으로 정리했습니다.)

ㄱ
가봉살모사(Gaboon viper) 86
갈색뱀독수리(Brown Snake Eagle) 56
검은맘바(Black mamba) 50
골리앗버드이터(Goliath birdeater) 85
그물무늬비단뱀(Reticulated python) 120
까치살모사(Amur viper) 95

ㄴ
남부아프리카바위비단뱀(Southern African rock python) 113
내륙타이판(Inland taipan) 16
넓은띠큰바다뱀(Black-banded sea krait) 32
녹색아나콘다(Green anaconda) 98

ㄷ
다줄크라이트(Many-banded krait) 28
동부갈색뱀(Eastern brown snake) 24
동부초록맘바(Eastern green mamba) 54
동부호랑이뱀(Eastern tiger snake) 48
두보이스바다뱀(Dubois' sea snake) 37

ㄹ~ㅂ
러셀살모사(Russell's viper) 78
마셜독수리(Martial eagle) 56
바다뱀(Yellow-bellied sea snake) 36
바베이도스실뱀(Barbados threadsnake) 6
방골 9
버마비단뱀(Burmese python) 108
벌꿀오소리(Honey badger) 69
보아뱀(Boa constrictor) 104
부리바다뱀(Beaked sea snake) 40
북부아프리카바위비단뱀(Northern African rock python) 113
브릴(brille) 8

ㅅ
살모사(Short-tailed pit viper) 94
서부초록맘바(Western green mamba) 54
서부호랑이뱀(Western tiger snake) 49
쇠살모사(Ussuri pit viper) 94
숲코브라(Forest cobra) 70

ㅇ
아프리카바위비단뱀(African rock python) 112
야콥슨 기관(Jacobson's organ) 7
열 감지 기관(피트pit) 7
왕갈색뱀(King brown snake) 18
외알안경코브라(Monocled cobra) 65
유혈목이(Tiger keelback snake) 95
인도비단뱀(Indian python) 116
인도코브라(Indian cobra) 62

ㅈ~ㅊ
자수정비단뱀(Amethystine python) 126
제임슨맘바(Jameson's mamba) 54
줄무늬바다뱀(Banded sea krait) 34
줄무늬크라이트(Banded krait) 31
중앙아메리카살모사(Terciopelo) 82
쥐잡이뱀(Rat snake) 61
지팡이두꺼비(Cane toad) 27
채펠섬호랑이뱀(Chappell Island tiger snake) 49

ㅋ
카스피코브라(Caspian cobra) 74
케이프코브라(Cape cobra) 66
케이프파일뱀(Cape file snake) 56
큰눈구덩이독사(Large-eyed pitviper) 7
킹코브라(King cobra) 58

ㅌ
탈피(허물벗기) 8~9
토니독수리(Tawny eagle) 56
톱비늘살모사(Saw-scaled viper) 90

ㅍ
파푸아비단뱀(Papuan python) 124
페닌술라호랑이뱀(Peninsular tiger snake) 46
페렌티에(Perentie) 19

ㅎ
해안타이판(Coastal taipan) 20
호랑이뱀(Tiger snakes) 44
황색아나콘다(Yellow anaconda) 102